초등학생을 위한
Mensa KiDS

MENSA
멘사 개념 수학 퍼즐

멘사코리아 감수 | 존 브렘너 지음 | 권태은 옮김

바이킹

Mensa Maths Wizard

by John Bremner
Text and puzzle content copyright © British Mensa Ltd. 1998
Design and artwork copyright © Carlton Books Ltd. 1998
All rights reserved
Korean Translation Copyright © 2013 BONUS Publishing Co.
Korean edition is published by arrangement with Carlton Books Ltd.
through Corea Literary Agency, Seoul

이 책의 한국어판 저작권은 Corea 에이전시를 통한 Carlton Books Limited와의 독점계약으로 보누스출판사에 있습니다.
저작권법에 의해 보호를 받는 저작물이므로 무단전재와 무단복제를 금합니다.

머리말

개념을 알면
수학이 즐거워져요!

수학이 어렵다고 생각하나요? 수학이 복잡하고 이해하기 어려워 보여도, 개념을 알면 퍼즐을 푸는 것처럼 재밌을 거예요. 나도 모르는 사이 실력이 쑥쑥 올라가는 건 덤이지요.

이 책에 담긴 퍼즐로 수학에 재미를 붙여 보세요. 난이도에 따라 별 한 개부터 세 개까지 표시해 두었어요. 별 한 개는 매우 쉽고, 별 세 개는 머리가 지끈거릴 정도로 어려울 거예요. 순서는 상관없어요. 쉬운 문제부터 골라 풀어도 되고, 차근차근 앞에서부터 풀어도 돼요. 조금 어려운 퍼즐을 만나더라도 쉽게 풀 수 있도록 도움말을 마련해 두었답니다. 퍼즐을 푸는 데 필요한 개념도 함께 정리했어요. 그러니 잘 생각해서 풀어 나가면 하나씩 퍼즐을 해결할 수 있을 거예요.

퍼즐을 풀다가 힘이 들면 친구나 부모님과 같이 탐구활동을 해 보세요. 함께 수식을 만들고 계산을 하고, 편을 나누어 게임도 해 보세요. 지루했던 숫자가 흥미로운 놀이로 느껴질 거예요. 서로에게 원리를 설명하면서 문제해결력도 높아진답니다. 탐구활동과 퍼즐을 번갈아 하면서 끝까지 도전을 멈추지 않는다면, 여러분 모두 수학 만점왕이 될 거라 믿습니다!

추천사

아이의 천재성을
깨워 주세요

바이킹에서 발간하는 책들을 사무실 책꽂이에 꽂아 두면 방문객들과 아이들이 호기심을 가지고 책을 읽거나 빌려 달라고 합니다. 성인들은 대부분 몇 장 읽어 보다가 머리를 흔드는 반면, 아이들은 금방 재미에 빠져 퍼즐과 씨름을 합니다. 그러다 아예 책을 사서 며칠씩 퍼즐 세계에 빠져들어 즐기는 아이들을 자주 발견하곤 합니다. 당장 어떤 이익이 있는 것도 아니고, 대단한 지식을 얻게 되는 것이 아닌데도 쉽게 열중합니다. 문제를 해결하는 즐거움을 사랑하는 아이들입니다. 그런 아이들은 멘사 회원이 될 가능성이 높습니다.

놀이와 학습의 차이는 무엇일까요? 놀이에는 어떤 목적이 따로 있지 않습니다. 해도 되고 안 해도 되지만, 재미가 있으면 할 이유가 충분한 것이 놀이입니다. 아이들은 재미있게 머리를 쓸 때, 가장 많은 것을 배울 수 있습니다. 만화책이나 그림책을 보면서 배운 것은 시험지를 붙들고 순위 경쟁에 집중하면서 외운 것보다 각인 효과가 훨씬 더 큽니다. 재미로 눈이 반짝이는 아이의 두뇌는 여러 가지 상황을 종합적으로 인지하며 아주 세세한 부분까지도 별다른 노력 없이 암기할 수 있는 상태가 됩니다. 반면 인상을 쓰며 과제를 해 나가는 아이들은 과제가 끝남과 동시에 공부한 내용으로부터 도망치기라도 하듯 빨리 잊어버리고 멀어지려고 합니다.

이 책에 담긴 퍼즐들은 시험 문제가 아닙니다. 반드시 풀어내야만 하는 숙제도 아닙니다. 가볍게 풀어 보고, 잘 안 되면 해답을 읽어 보아도 됩니다. 어떤 문제는 쉽게 풀리지만 어떤 문제는 잘 안 풀립니다. 읽다가 시시해지면 덮어 둘 수도 있고, 시간이 나고 심심할 때 다시 펼쳐 보아도 무방합니다. 믿기 어렵겠지만 수수께끼 같은 문제를 재치 있게 해결할 수 있는 재능이 누구에게나 있습니다. 또한 누구나 스스로 비슷한 문제를 만들어 볼 수 있고, 책에 있는 문제를 새롭게 구성할 수도 있습니다. 이런 놀이를 같이 즐길 친구가 필요하다면 멘사에 가입하기를 권합니다.

지형범
영재교육전문가
멘사코리아 전(前) 회장

멘사란 무엇이죠?

이제 여러분은 재미있는 퍼즐을 만날 거예요. 퍼즐 푸는 것을 좋아한다면 멘사도 좋아할 거예요. 멘사란 IQ가 148 이상인 사람이 가입할 수 있는 천재들의 모임이에요. 머리 쓰기를 좋아하는 사람들이 모인 단체이죠. IQ가 전체 인구의 상위 2%에 해당하는 사람은 누구든 멘사 회원이 될 수 있답니다. 멘사는 1946년 영국에서 만들어졌고, 현재는 전 세계적으로 100여 개 나라에 13만여 명이 넘는 회원이 있어요. 1998년에 문을 연 한국의 멘사는 '멘사코리아'라는 이름으로 2천 명이 넘는 회원들이 있답니다.

멘사가 더 궁금하다면 아래 홈페이지를 방문해 보세요. 멘사 가입 절차를 자세히 알 수 있어요.

• 홈페이지 : www.mensakorea.org

차례

머리말:
개념을 알면 수학이 즐거워져요! ·························· 3

추천사:
아이의 천재성을 깨워 주세요 ·························· 4

멘사란 무엇이죠? ·························· 5

■ **문제** ·························· 7

■ **탐구활동** ·························· 103
    계산기보다 빠른 암산법 ·························· 104
    홀수/짝수를 잡아라! ·························· 106
    수식 찾기 ·························· 112
    숫자 도미노 ·························· 114
    나이트 게임 ·························· 120
    나눗셈 삼목 놀이 ·························· 125
    21 찾기 ·························· 131
    응답하라 ·························· 138
    꼬리 물기 ·························· 145
    곱셈 게임 ·························· 151
    숫자 마술 ·························· 155

■ **해답** ·························· 157

멘사 개념 수학 퍼즐

Mensa KiDS

문제

001

다음 사각형을 둘로 나누었을 때 각 조각에 포함된 숫자의 합이 15가 되도록 직선을 한 번만 그으세요.

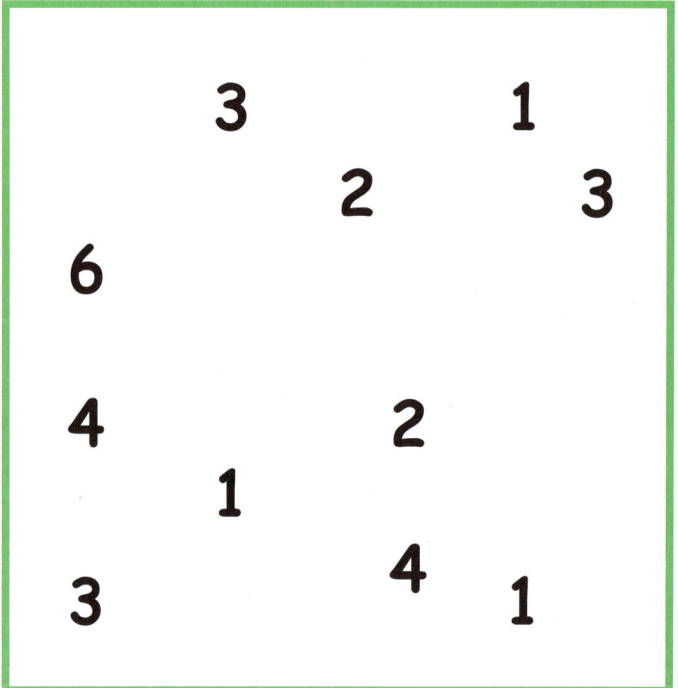

답 : 158쪽

002

다음 도형 중에 변의 개수가 가장 많은 도형은 어느 것일까요?

답 : 158쪽

★★☆
003

다음 분수 중 1에 가장 가까운 숫자는 어느 것일까요?

$$\frac{1}{2} \quad \frac{3}{4} \quad \frac{1}{8} \quad \frac{1}{3} \quad \frac{2}{3}$$

★★☆
004

다음 분수 중에 가장 작은 숫자는 어느 것일까요?

$$\frac{1}{4} \quad \frac{2}{9} \quad \frac{1}{3} \quad \frac{2}{7} \quad \frac{5}{6}$$

답 : 158쪽

005

다음 숫자 중에 짝수가 아닌 숫자를 두 개 고르세요.

12 4 16 5 6 2 7 20 8

006

다음 도형 중에 정육면체와 구를 고르세요.

답 : 158쪽

007

다음 그림에는 벌과 모기가 있습니다. 각 곤충의 수를 합하면 어느 곤충의 수가 더 많을까요?

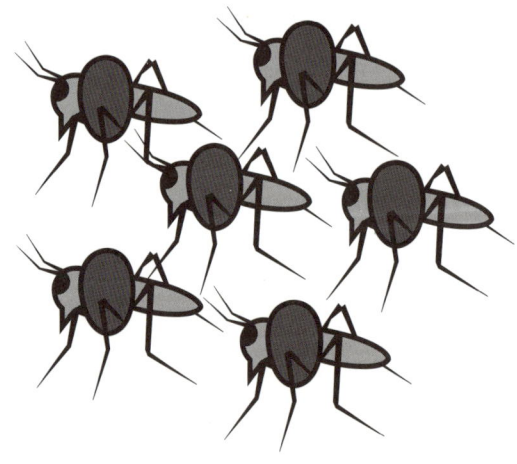

답 : 158쪽

★☆☆
008

다음 그림의 왼쪽에는 거미 두 마리와 말 한 마리가 있고 오른쪽에는 독수리 아홉 마리가 있습니다. 동물들을 그림과 같이 왼쪽과 오른쪽으로 나누어 각각 동물들의 다리 개수를 세어 합해 보세요. 어느 쪽이 더 많을까요?

답 : 158쪽

009

다음 그림은 마이클과 로라가 화살을 쏜 과녁입니다.
누가 더 높은 점수를 받았을까요?

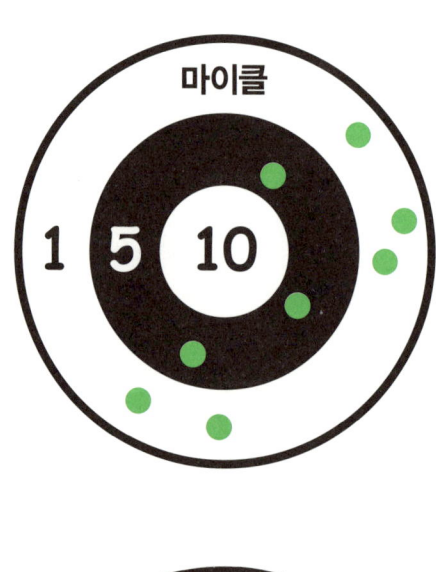

답 : 158쪽

010

다음 그림에서 직각을 포함한 도형은 어떤 것일까요?

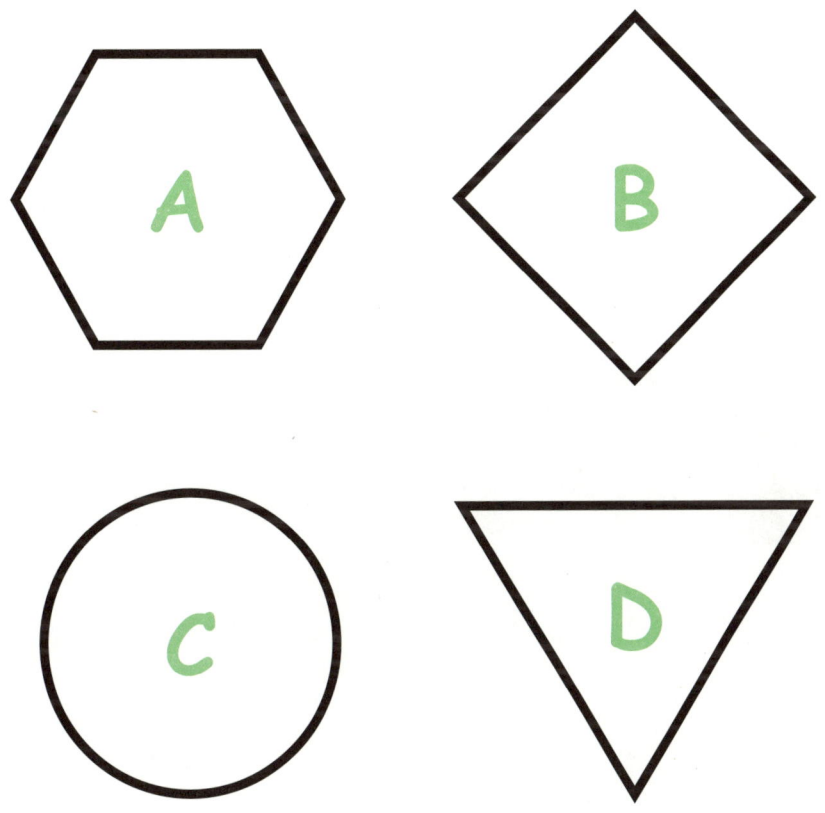

답 : 158쪽

011

다음 숫자 중에 2로는 나누어떨어지지 않고 3으로는 나누어떨어지는 숫자는 어떤 것일까요?

18   15   12   6

012

다음 숫자 중에 6으로는 나누어떨어지지 않고, 7로는 나누어떨어지는 숫자는 어떤 것일까요?

36   42   56   30

답 : 159쪽

013
★☆☆

그림과 같이 A팀과 B팀이 줄다리기를 한다면 어느 쪽이 이길까요? 단, 경기에 참가한 사람들의 몸무게와 줄을 잡아당기는 힘은 모두 같습니다.

A팀　　　　　　B팀

답 : 159쪽

★☆☆
014

다음 그림에서 검은 창문의 흰색 차는 전부 몇 대일까요?

답 : 159쪽

★★☆
015

그림 속의 장미에 달린 잎사귀의 수를 2.5로 나눈 값은 얼마일까요?

답 : 159쪽

★★☆
016

고대 아즈텍 문명 유적지에서 다음과 같은 기호를 발견했습니다. 자세히 보면 기호 모양이 조금씩 다릅니다. 기호의 종류는 몇 개나 될까요?

답 : 159쪽

★☆☆
017

다음 그림에서 잠수부가 만들어 낸 공기 방울은 모두 몇 개일까요?

답 : 159쪽

★★★
018

큰 톱니바퀴가 세 바퀴 도는 동안 작은 톱니바퀴는 몇 바퀴나 돌까요?

답 : 159쪽

019

다음 그림에서 가장 쉽게 떨어질 것 같은 공은 어느 것일까요?

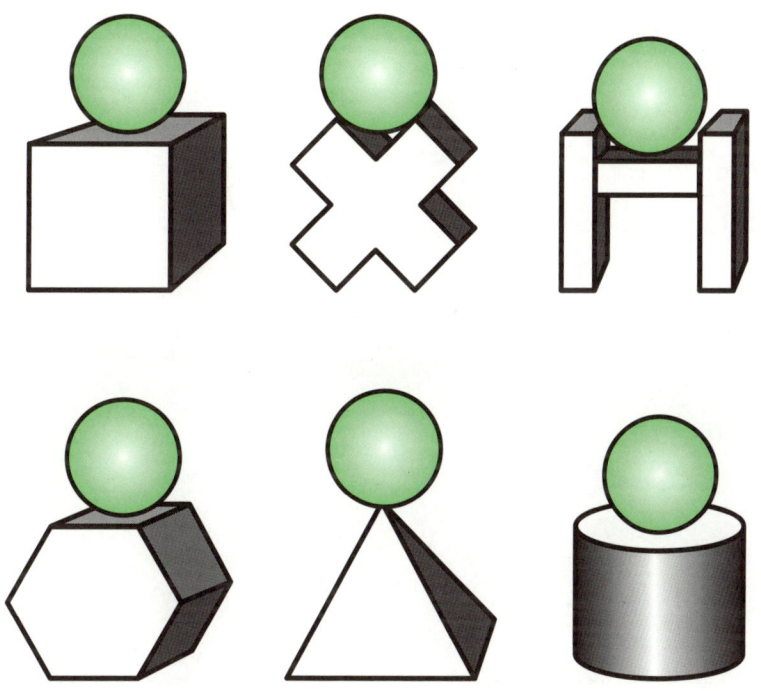

답 : 159쪽

★☆☆
020

다음 그림에서 흰색 별은 모두 몇 개일까요?

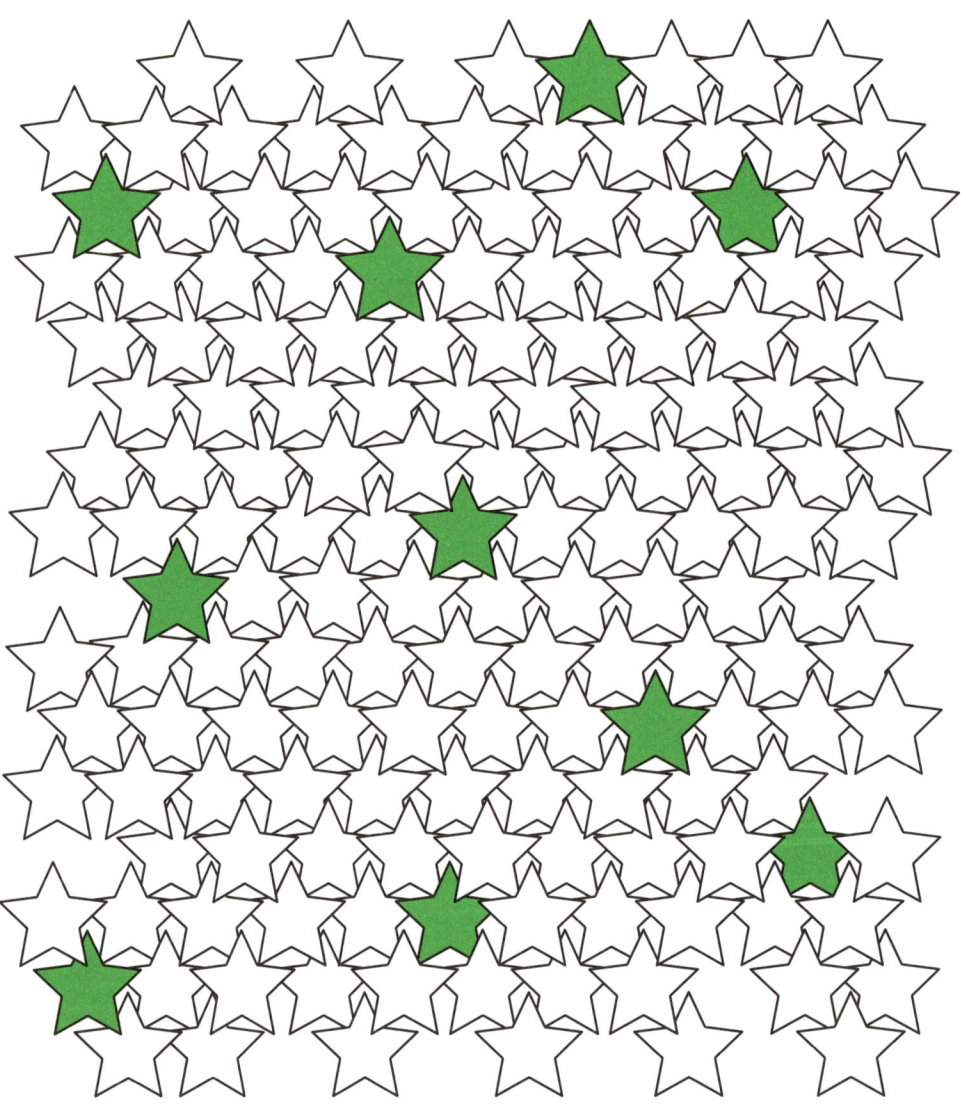

답 : 159쪽

다음 정사각형 안에 직선 두 개를 그어서 그 안에 적힌 숫자의 합이 25가 되는 마름모꼴을 만드세요.

도움말

마름모는 네 변의 길이가 똑같아야 한다는 걸 기억하세요.

답 : 159쪽

022

7을 더한 다음 3을 곱한 뒤에 40을 빼면 173이 되는 숫자는 무엇일까요?

조건에 맞는 숫자 찾기

조건에 맞는 숫자를 찾는 것을 수학 용어로 방정식이라고 해요. 방정식은 기호나 말을 사용해 규칙으로 나타내서 이해하는 것을 말합니다.

방정식을 만든 뒤, 주어진 결과값과 가까운 숫자부터 역순으로 계산해 보세요. 뺄셈은 덧셈으로, 곱셈은 나눗셈으로, 계산을 반대로 해야 합니다.

답 : 160쪽

023

4를 빼고 2를 곱하면 64가 되는 숫자는 무엇일까요?

024

6을 빼고 2로 나눈 다음 다시 8로 나누면 4가 되는 숫자는 무엇일까요?

답 : 160쪽

025

★★☆

다음 숫자의 순서를 바꿔 써서 제곱수 두 개를 만드세요.

526

도움말

숫자 바꿔 쓰기

글자의 순서를 바꿔 쓰는 수수께끼처럼 주어진 숫자의 순서를 바꿔 쓰는 문제입니다. 숫자 바꿔 쓰기 문제를 풀면 제곱수와 제곱근을 구하기가 쉬워집니다. 예를 들어 9×9=81, 9^2=81과 같은 계산을 하다 보면 81이 제곱수이고 9가 제곱근임을 쉽게 알게 됩니다.

제곱수란?

제곱수는 임의의 숫자를 두 번 곱해서 나오는 수를 말합니다. 예를 들어 9×9=81이므로 81은 제곱수이고 9는 81의 제곱근입니다. 어떤 숫자가 제곱수인지를 확인하려면 제곱근을 구해 보면 됩니다.

답 : 160쪽

026

다음 숫자의 순서를 바꿔 써서 제곱수를 만드세요.

$$892$$

027

다음 숫자의 순서를 바꿔 써서 제곱수를 만드세요.

$$2140$$

답 : 160쪽

★★★ 028

다음 가로세로의 문제를 보고 빈칸에 들어갈 숫자를 찾으세요.

가로

1. 11×12
5. 400×400에서 일의 자리의 0을 없앤 뒤에 10을 더한 값
7. 512÷2
10. 다섯 자릿수의 수 중에서 가장 작은 수에서 1을 뺀 값

세로

1. $\sqrt{121}$
2. 56789−20730
3. $\sqrt{400}$
4. 360÷4
6. 3의 제곱에 2를 곱한 값
8. 23×3
9. 20보다 작은 홀수 중에 가장 큰 값

> **도움말**
> $\sqrt{a}$는 '루트 a'라 읽으며, 'a의 제곱근'을 뜻합니다. 세로 문제부터 풀면 쉽습니다.

답 : 160쪽

029

어떤 두 수의 합이 15이고 차가 3이라면, 그 두 수는 어떤 숫자일까요?

도움말

위 문제의 조건을 만족하는 여러 숫자를 생각해 보세요. 예를 들어 무작위로 12와 3을 떠올리면 두 숫자의 차이가 9이므로 확실히 해답이 아님을 알 수 있습니다.

답 : 160쪽

★☆☆
030

어떤 두 수의 합이 29이고 두 수의 차가 5라면, 그 두 수는 어떤 숫자일까요?

★☆☆
031

어떤 두 수의 합이 43이고 두 수의 차가 9라면, 그 두 수는 어떤 숫자일까요?

답 : 160쪽

032

어떤 두 수의 합이 35이고 두 수의 차가 3이라면, 그 두 수는 어떤 숫자일까요?

033

어떤 수에 3을 더하고 2를 곱하면 48이 됩니다. 숫자는 어떤 숫자일까요?

> **도움말**
>
> 우리가 찾는 수를 □라 하고, 수식으로 정리해 보세요.
> 그러면 (□+3)×2 = 48
> 48을 중심으로 거꾸로 풀어 보세요.

답 : 160쪽

034

동물원에 새가 세 마리 있어요. 이 새들은 좋아하는 모이가 모두 달라요. 그중 재키는 사각 모이와 둥근 모이, 육각 모이를 모두 먹고 토미는 육각 모이만 먹습니다. 샘은 육각 모이와 둥근 모이를 모두 먹습니다. 재키와 토미, 샘이 모두 함께 먹을 수 있는 모이는 A~G 중 어디에 있나요?

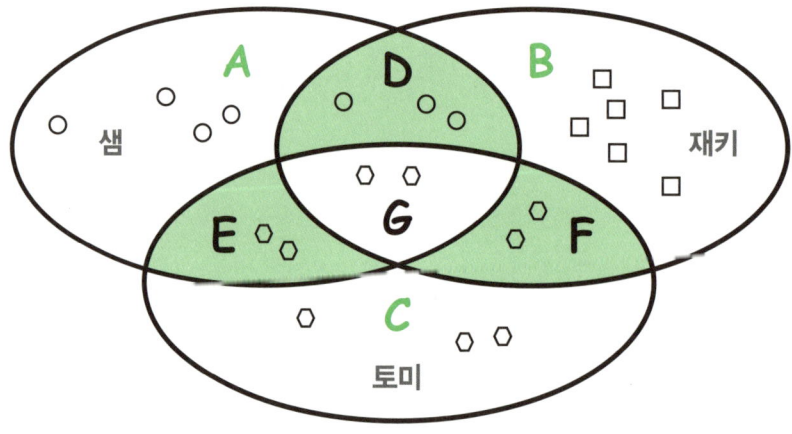

> **도움말**
>
> 생각해야 할 숫자나 정보가 너무 많아지면 머릿속이 복잡해져서 논리적으로 정리하기가 어려워집니다. 이럴 때 집합의 개념을 이해하고 벤 다이어그램을 그리면 여러 상황에 활용할 수 있어요. 위 그림에서 A, B, C처럼 요소들이 모여 있는 것을 '집합'이라 하고, D와 G처럼 A에도 속하고 B에도 속하는 집합을 '교집합'이라고 합니다.

답 : 160쪽

035

다음 벤 다이어그램을 보고 질문에 답하세요.
삼림 지대에 사는 해리와 조지, 샐리는 공동 구역에 있는 나무의 관리 비용을 각자 나눠 내기로 했습니다.

1) 샐리와 조지만 공유하는 나무는 몇 그루입니까?
2) 샐리와 해리만 공유하는 나무는 몇 그루입니까?
3) 해리와 조지만 공유하는 나무는 몇 그루입니까?
4) 샐리와 조지, 해리가 모두 공유하는 나무는 몇 그루입니까?

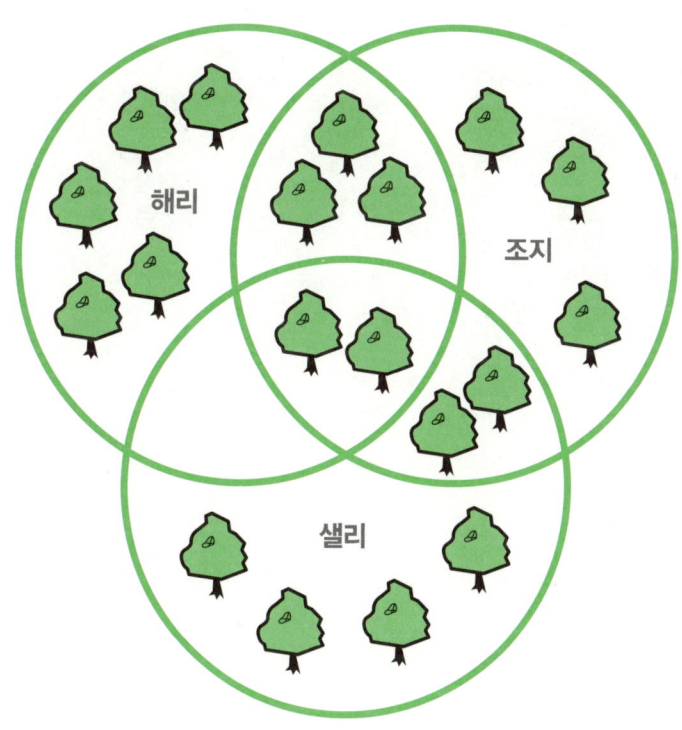

답 : 161쪽

036

다음 벤 다이어그램을 보고 질문에 답하세요.
자전거 도시에는 다음 그림과 같은 세 개의 구역이 있습니다. 이 도시에서는 환경을 보호하기 위해 주민들이 사용할 자전거를 무료로 나누어 주는 대신 공동으로 사용하는 자전거의 관리 비용은 주민들이 함께 부담합니다.

1) 1구역과 2구역에서만 공동으로 관리하는 자전거는 몇 대입니까?
2) 2구역과 3구역에서만 공동으로 관리하는 자전거는 몇 대입니까?
3) 1구역과 3구역에서만 공동으로 관리하는 자전거는 몇 대입니까?
4) 1, 2, 3구역 모두 공동으로 관리하는 자전거는 몇 대입니까?

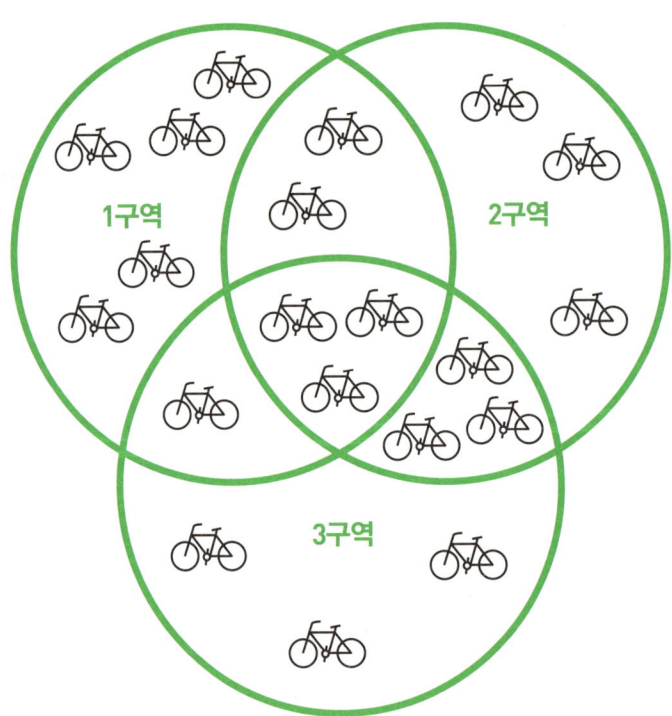

답 : 161쪽

037

다음 벤 다이어그램을 보고 질문에 답하세요.
과수원에 사과나무, 감나무, 배나무가 있습니다. 벌들은 이 나무들을 옮겨 다니며 꿀을 모읍니다.

1) 감나무와 배나무만을 오가는 벌은 몇 마리일까요?
2) 사과나무와 배나무만을 오가는 벌은 몇 마리일까요?
3) 감나무와 사과나무만을 오가는 벌은 몇 마리일까요?
4) 사과나무와 감나무, 배나무를 모두 옮겨 다니는 벌은 몇 마리일까요?

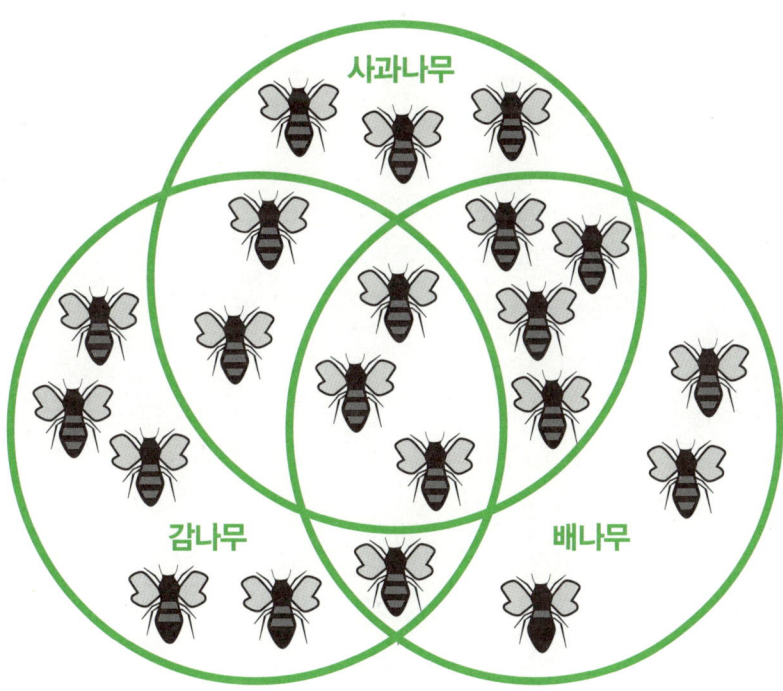

답 : 161쪽

038

다음 삼각형에서 빗변 a의 길이를 구하세요.

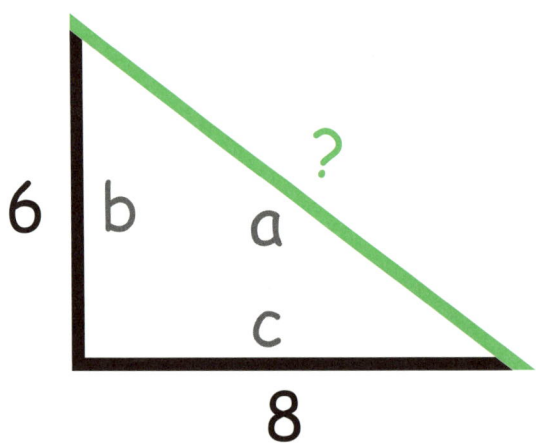

도움말

그리스의 철학자이자 수학자인 피타고라스가 발견했다고 알려진 '피타고라스의 정리'를 알고 있나요? 이 공식을 알면 직각삼각형에서 두 변의 길이만 알아도 나머지 한 변의 길이를 구할 수 있어요.

'피타고라스의 정리'란, '직각삼각형에서 직각을 포함하는 두 변의 제곱의 합은 빗변의 제곱과 같다'는 것입니다. 공식은 아래 그림과 같아요.

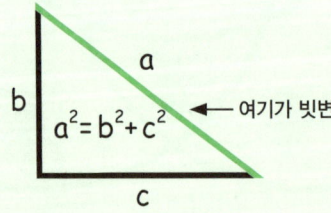

답 : 161쪽

039

다음 삼각형에서 밑변 c의 길이를 구하세요.

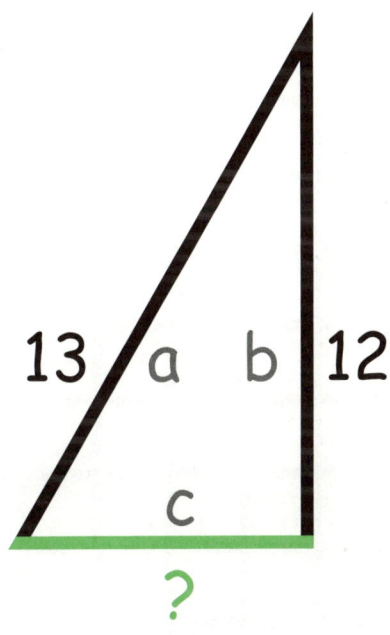

도움말

피타고라스의 정리($a^2 = b^2 + c^2$)를 이용하려면 먼저 양변의 길이를 제곱해야 합니다. 제곱을 했다면 그 값을 서로 더하거나 뺀 다음에 제곱근을 구하면 됩니다.

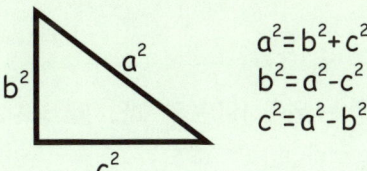

답 : 161쪽

040

80의 15%를 구하고, 다음 그림에 표시하세요

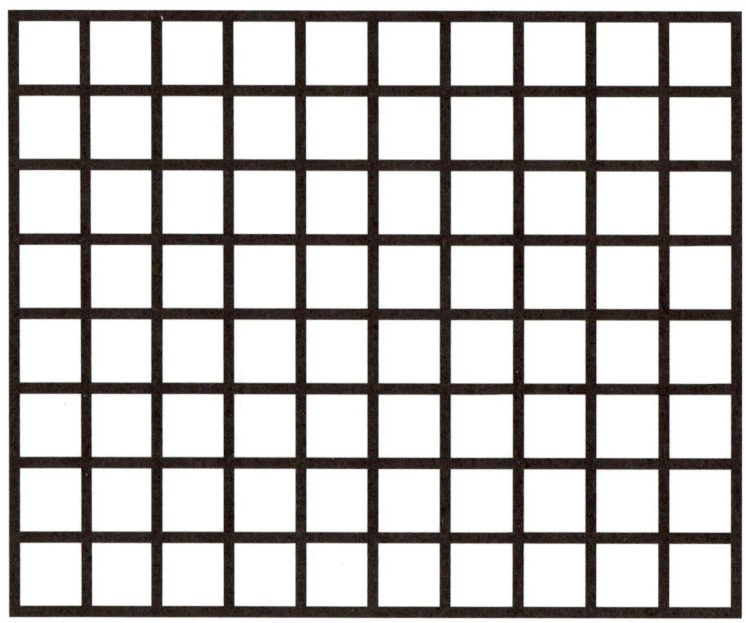

> **도움말**
>
> 백분율 또는 퍼센트(%)라는 말은 100분의 몇인지를 표시한 거예요. 즉, 10퍼센트란 100분의 10 또는 $\frac{10}{100}$을 뜻합니다.

답 : 161쪽

041

30의 20%를 구하고, 다음 그림에 표시하세요.

042

60의 25%를 구하고, 다음 그림에 표시하세요.

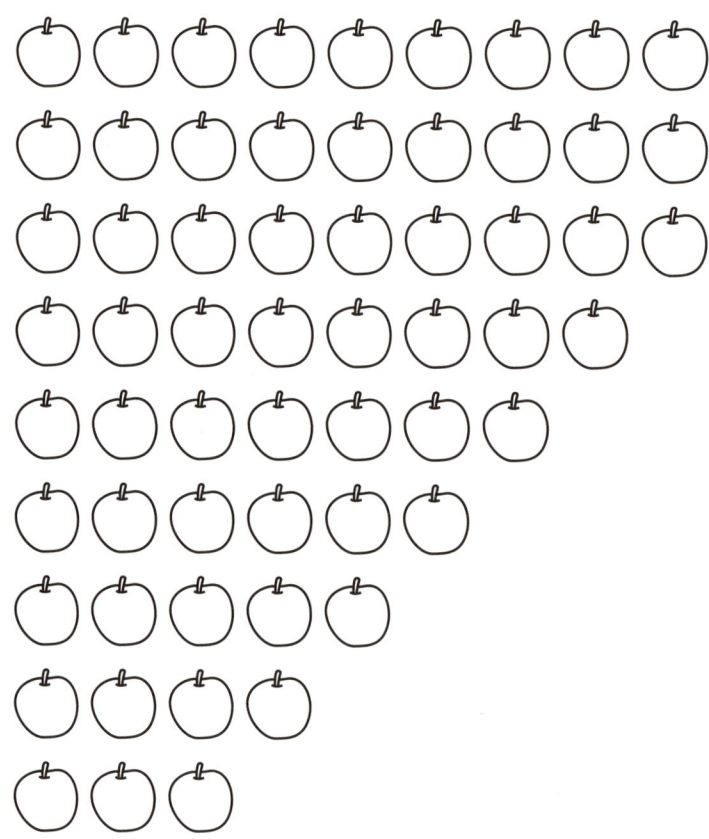

답 : 161쪽

90의 30%를 구하고, 다음 그림에 표시하세요.

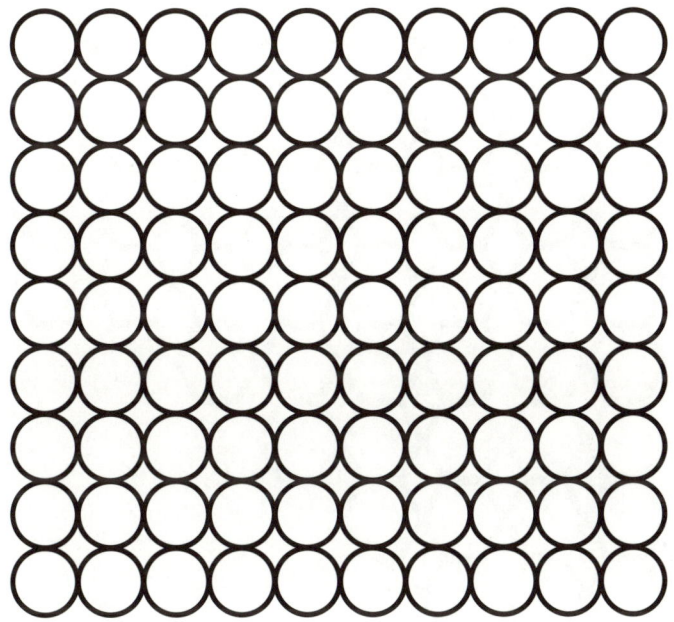

답 : 162쪽

044

50의 6%를 구하고, 다음 그림에 표시하세요.

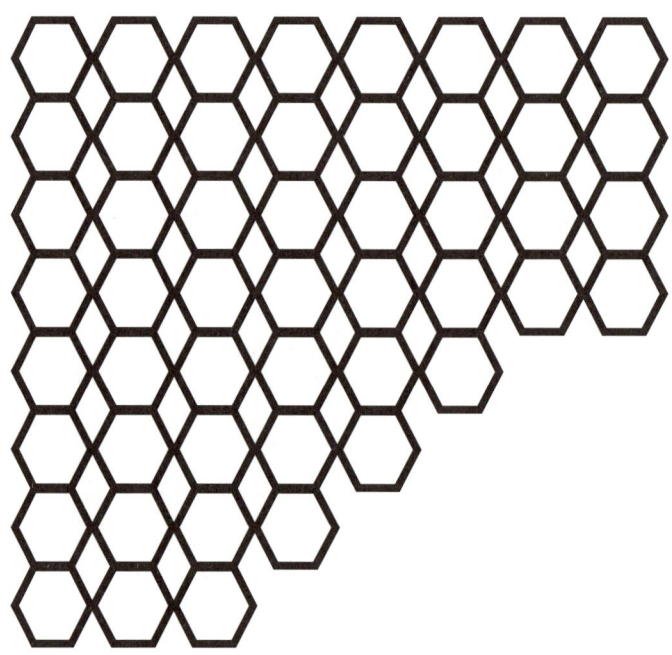

답 : 162쪽

045

220의 15%를 구하고, 다음 그림에 표시하세요.

답 : 162쪽

046

다음 정사각형 안에 직선 네 개를 그어서 그 안에 적힌 숫자의 합이 55가 되는 마름모꼴을 만드세요.

> **도움말**
> 마름모는 네 변의 길이가 같고 대각선의 길이가 다른 사각형입니다.

답 : 162쪽

★★★
047

어떤 수에 4를 곱하고 19.5를 뺀 값에 같은 값을 다시 더합니다. 그다음 이 값을 12의 제곱수에 2를 곱한 값에서 빼면 7이 됩니다. 이 숫자는 무엇일까요?

★★☆
048

어떤 수에 16을 곱한 값에서 그 값의 제곱근을 빼면 132가 됩니다. 이 숫자는 무엇일까요?

도움말
먼저 132에 가까운 제곱수를 찾아보세요.

답 : 162쪽

049

어떤 수에 1.2를 더하고 10으로 나누면 9의 제곱근과 같아집니다. 이 숫자는 무엇일까요?

050

다음 숫자의 순서를 바꿔서 5를 빼면 제곱수가 되는 숫자를 만드세요.

347

답 : 162~163쪽

051

다음 숫자의 순서를 바꿔서 1을 빼면 제곱수가 되는 숫자를 만드세요. 단, 천의 자리 숫자는 0이 아니어야 합니다.

6220

052

다음 숫자의 순서를 바꿔서 4를 빼면 제곱수가 되는 숫자를 만드세요.

1403

답 : 163쪽

053

다음 가로세로의 문제를 보고 빈칸에 들어갈 숫자를 찾으세요. 해답 중에는 0으로 시작하는 숫자도 있습니다.

> **도움말**
> 수식을 계산할 때는 괄호 안의 숫자부터 계산해야 합니다.

가로

1. 제곱수 두 개를 더한 값이 90보다 작은 숫자 중에 가장 큰 수
3. 가로 22번 해답+66
5. $\sqrt{361}$
7. 다음을 계산하여 그 값들을 39부터 차례로 나열하세요.
   39, 39+10, 39+10+10, 39+10+10+10
10. 1545를 3으로 나눈 값
11. 455×8
12. $\sqrt{2025}$
13. 25의 60%
14. 세로 17번 해답의 일의 자리 숫자와 십의 자리 숫자의 순서를 바꾼 뒤에 2를 곱한 값
16. 8172의 4분의 1
18. 세로 5번 해답에서 18을 뺀 값
20. 1158로 시작하는 숫자 중에 앞뒤 어느 방향에서 읽어도 똑같은 여덟 자릿수 숫자
22. 임의의 숫자에 0을 곱한 값
23. $\sqrt{4624}$
24. 11×10−11×2

세로

1. 9000−644
2. 30^2+91
3. 8×9−3
4. 1000−347
5. 41×4
6. 10000−92
8. 50505×9
9. 192463×5
13. 이진수 형태의 숫자
15. 앞의 두 자리 숫자는 8의 제곱이고 뒤의 두 자리 숫자는 $\sqrt{324}$
16. 17.5×12
17. 20^2-14
19. 30^2에서 백의 자리 숫자에 2를 곱한 값+30^2-300
21. 11과 8로 나누어떨어지는 숫자

도움말

- 이진수란 2진법으로 표현되는 숫자를 말하며 0과 1로 나타냅니다.
- 여러 셈이 섞여 있는 혼합 계산 식은 ( ), a^n, ÷ 또는 ×, + 또는 − 순서로 푼다는 사실을 잊지 마세요.

답 : 163쪽

054

어떤 두 수의 합이 180이고 두 수의 차가 68이라면, 그 두 수는 어떤 숫자일까요?

055

어떤 두 수의 합이 138이고 두 수의 차가 90이라면, 그 두 수는 어떤 숫자일까요?

답 : 163쪽

056

어떤 두 수의 합이 102이고 두 수의 차가 28이라면, 그 두 수는 어떤 숫자일까요?

057

어떤 수에 32를 곱한 값에서 그 값의 제곱근을 빼면 240이 되는 수는 무엇일까요?

답 : 163쪽

058

어떤 두 수의 합이 68이고 두 수의 차가 22이라면, 그 두 수는 어떤 숫자일까요?

059

어떤 두 수의 합이 35이고 두 수의 차가 7이라면, 그 두 수는 어떤 숫자일까요?

답 : 163쪽

060

다음 내용을 벤 다이어그램으로 나타내고 질문에 답하세요.

피오나와 메리, 애니는 좋아하는 신발을 모으는 취미가 있습니다. 피오나의 신발은 14켤레, 애니의 신발은 7켤레이고 메리의 신발은 10켤레입니다. 애니의 신발 중 3켤레는 피오나의 발에 맞고 피오나의 신발 중 6켤레는 애니의 발에 맞습니다. 메리의 신발 중 2켤레는 피오나의 발에 맞고 다른 2켤레는 애니의 발에 맞습니다. 메리의 신발 중 또 다른 3켤레는 애니와 피오나의 발에 모두 맞는다면, 세 명의 발에 모두 맞는 신발은 몇 켤레일까요?

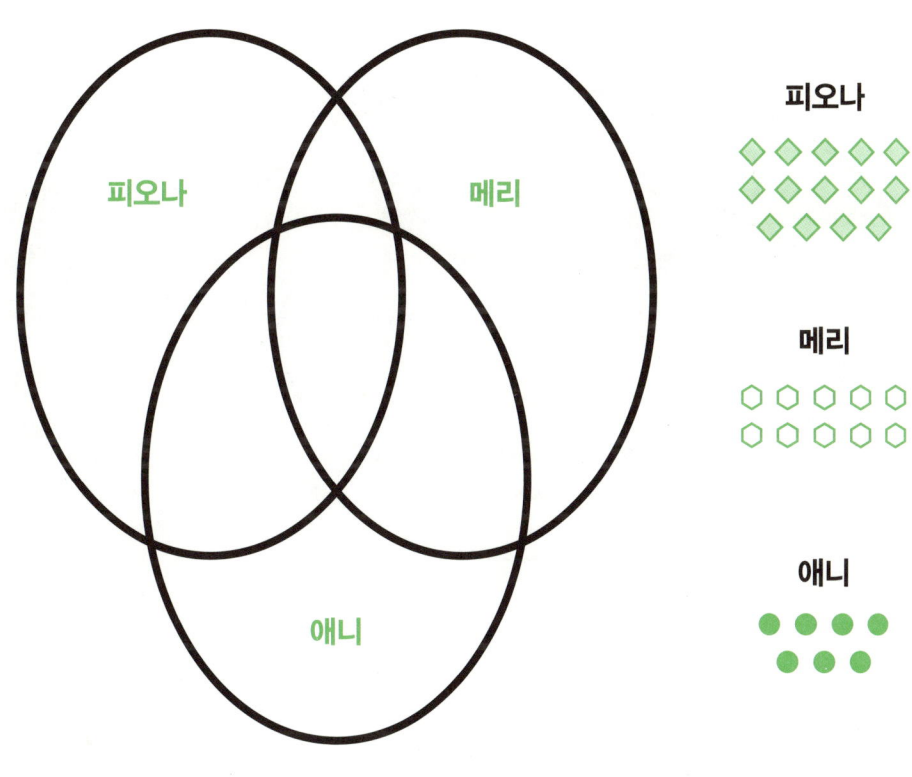

답 : 163쪽

061

다음 내용을 벤 다이어그램으로 나타내고 질문에 답하세요.

토끼 14마리가 달리기 경주를 했습니다. 그중 2마리는 뜀뛰기를 했고 6마리는 멀리뛰기를 했으며 2마리는 구르기를 했습니다. 구르기와 멀리뛰기에 모두 참가한 토끼는 1마리이고 뜀뛰기와 멀리뛰기에 모두 참가한 토끼는 2마리입니다. 달리기와 멀리뛰기를 모두 했지만 뜀뛰기와 구르기는 하지 않은 토끼는 몇 마리일까요?

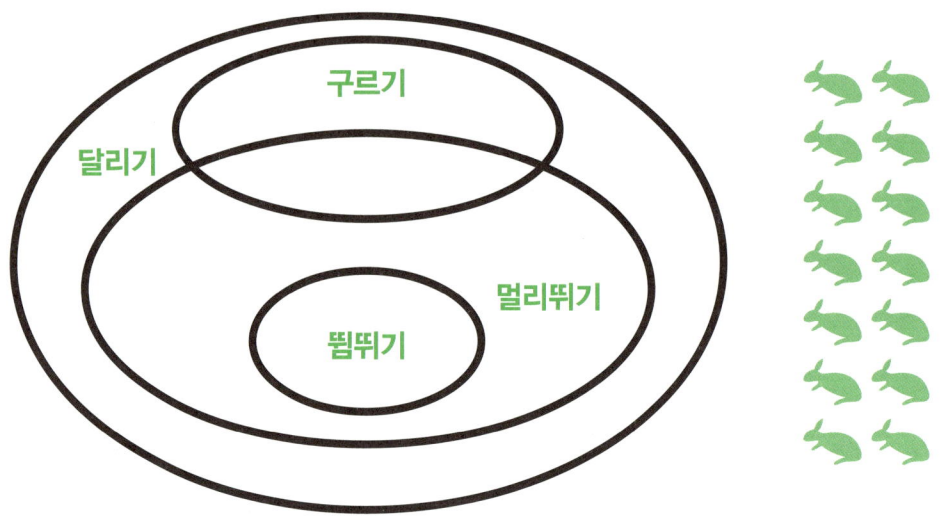

답 : 164쪽

062

펭귄들이 좋아하는 장소에 따라 다음 벤 다이어그램을 완성하고 질문에 답하세요. 물고기를 잡으러 가지 않을 때 5마리는 암석에만 서 있는 것을 좋아하고 4마리는 해변에만, 다른 4마리는 절벽에만 서 있기를 좋아합니다. 다른 펭귄들은 좋아하는 장소 외에는 가지 않고 두 장소를 오가기를 좋아하는데 3마리는 절벽과 해변을, 2마리는 암석과 해변을, 1마리는 암석과 절벽을 좋아합니다. 암석과 절벽, 해변 모두를 좋아하는 펭귄은 3마리뿐입니다. 펭귄은 모두 몇 마리일까요?

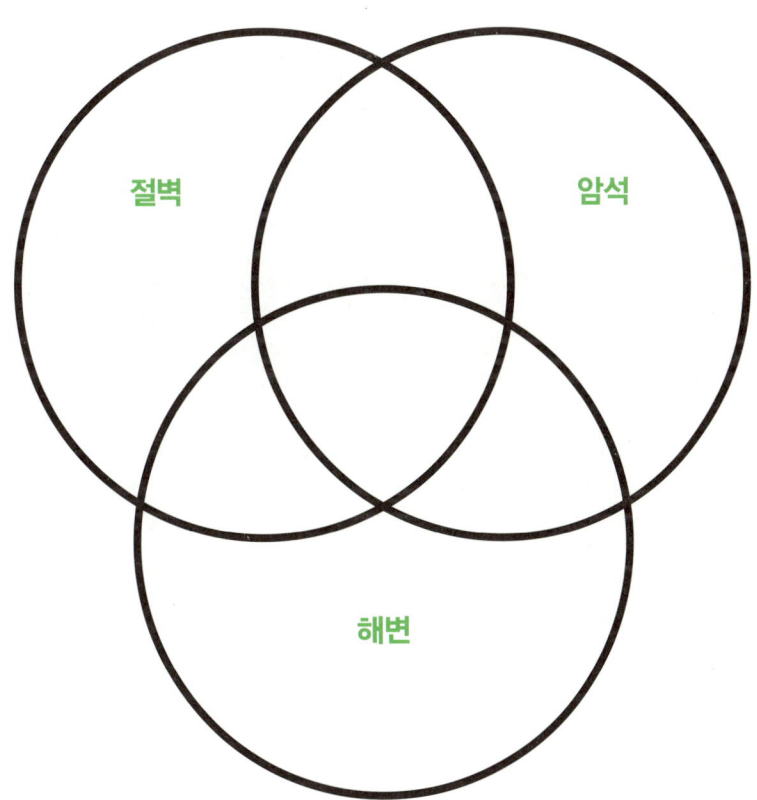

답 : 164쪽

063

다음 삼각형에서 밑변 c의 길이는 무엇일까요?

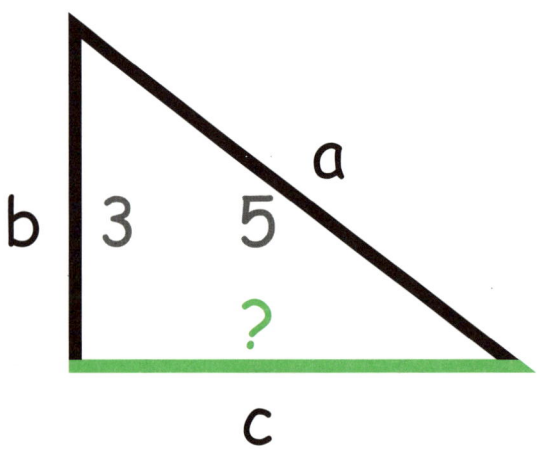

도움말

피타고라스의 정리를 이용하려면 먼저 양변의 길이를 제곱해야 합니다. 제곱했다면 그 값을 서로 더하거나 뺀 다음에 제곱근을 구하면 됩니다.

답 : 164쪽

064

다음 사각형에서 대각선 a의 길이를 구하세요. (소수점 셋째 자리에서 반올림하세요.)

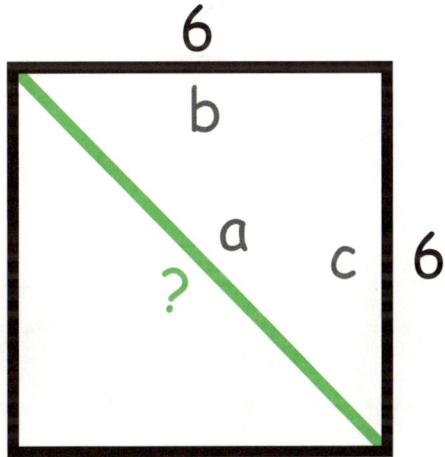

답 : 164쪽

065

다음 사각형에서 변 b의 길이를 구하세요.

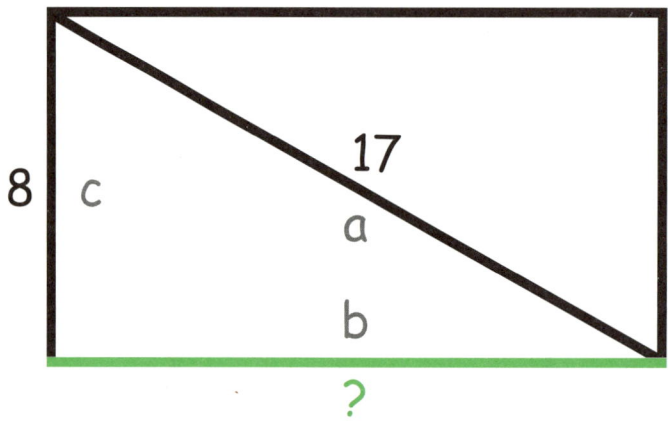

답 : 164쪽

066

64의 25%를 구하고, 다음 그림에 표시하세요.

067

거인국에서 쓰는 잔에 192리터의 물을 부었더니 잔의 17퍼센트가 찼습니다. 잔을 모두 채우려면 물을 얼마나 부어야 할까요?

답 : 164쪽

068

주차장에 있는 차는 모두 97대입니다. 어느 날 주차장 관리인이 확인해 보니 주차된 차의 97퍼센트가 주차 시간을 초과했습니다. 주차 시간을 초과한 차량은 모두 몇 대일까요? 계산한 값에 가장 가까운 정수를 쓰세요.

도움말

정수

정수란 양의 정수(자연수), 0, 음의 정수를 통틀어서 부르는 말입니다.
양의 정수(자연수)란 0보다 큰 수, 즉 1, 2, 3, 4…를 말하고,
음의 정수란 0보다 작은 수, 즉 −1, −2, −3, −4…를 말합니다.

답 : 164쪽

069

다음 정사각형 안에 직선 2개를 그어서 4조각으로 나누고 각 조각 안에 있는 숫자의 합이 60이 되도록 만드세요.

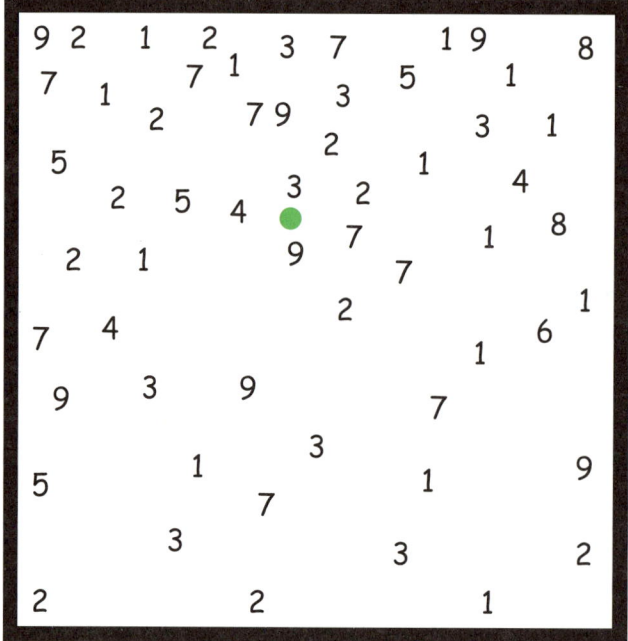

도움말

두 직선은 사각형 안에 그려진 점을 교차해 지나갑니다.

답 : 164쪽

070

다음 조건에 맞는 네 자릿수 숫자는 무엇일까요?
모든 자릿수의 숫자를 더하면 15가 되고 원래의 숫자를 거꾸로 쓴 값을 9669에서 빼면 다시 원래의 숫자가 나옵니다. 각 자릿수의 숫자는 왼쪽에서 오른쪽으로 갈수록 작아지며 백의 자리 숫자는 일의 자리 숫자의 네 배가 됩니다.

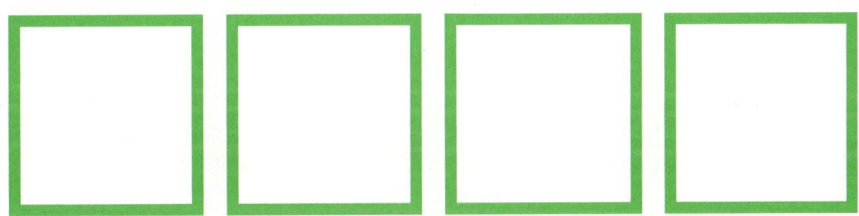

답 : 165쪽

071

다음 조건에 맞는 네 자릿수 숫자는 무엇일까요?
모든 자릿수의 숫자가 소수이고 마지막 두 자릿수의 숫자는 19로 나누어떨어지며, 원래의 숫자를 거꾸로 쓰면 두 숫자의 차이가 6174입니다. 두 숫자의 합은 9999보다 작으며 앞뒤를 바꿔 읽어도 똑같은 숫자가 됩니다.

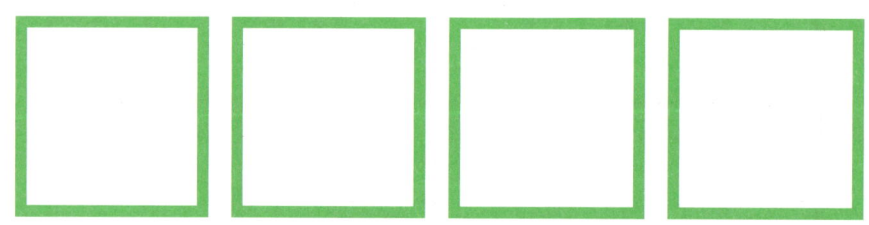

> **도움말**
>
> 소수란 1과 자기 자신만으로 나누어떨어지는 숫자를 말합니다. 이를테면, 2, 3, 5, 7, 11… 등이 해당됩니다.

답 : 165쪽

072
★★☆

다음 조건에 맞는 숫자 두 개는 무엇일까요?
7950의 약수 중에 서로 더하면 203이 되고, 두 개의 약수 중에 큰 수를 작은 수로 나누면 몫이 2.5보다 크고 3보다 작습니다.

073
★★☆

다음 조건에 맞도록 숫자의 순서를 바꾸세요. 두 제곱수를 더한 값이며, 각 제곱수의 제곱근을 구하면 큰 수가 작은 수의 두 배가 됩니다.

8210

답 : 165쪽

074

다음 가로세로의 문제를 보고 빈칸에 들어갈 숫자를 찾으세요. 해답 중에는 0으로 시작하는 숫자도 있습니다.

1	2	3	4		5	6	7	8
9					10			
11					12			
13					14			
15	16	17	18		19	20	21	
22					23			
24					25			
26								

가로

1. 356을 이진수로 표기한 값
9. √8352100
10. 가로 24번 해답+567
11. 60의 제곱
12. 가로 25번+240
13. 8×9를 반복해서 쓴 숫자
14. 가로 22번 해답−2075
15. 73^2+√1369
19. 세로 19번 해답−125
22. √99980001
23. 뒤의 두 자리 숫자−앞의 두 자리 숫자 =54, 앞의 두 자리 숫자×2=54
24. 404×11
25. 세로 2번 해답×2+276×16
26. 1828613.5×8^3

세로

1. 866361643÷7
2. 숫자 1000보다 작으며 뒤의 두 자리 숫자끼리 더한 값이 앞의 두 자리에 있는 정수의 값과 같은 숫자
3. 세로 20번 해답+196
4. 1킬로미터에 2미터를 더한 거리를 미터로 표기한 값
5. 63×9
6. 1038보다 1만큼 큰 수
7. √33124
8. 5232551×2
16. 이 숫자에 자기 자신을 더한 값은 7886
17. 세로 18번 해답+4
18. 세로 6번 해답×6+708
19. 100×22.6
20. 두 자릿수의 소수 두 개를 큰 숫자부터 연이어 적은 숫자이며, 두 소수를 더한 값은 28
21. 앞의 두 자리 숫자와 뒤의 두 자리 숫자의 차이가 3이고 모든 자리의 숫자를 더한 값이 16이 되는 숫자

도움말

가로 1번 문제에서 356을 2로 나누어 남는 나머지(0이나 1)를 적습니다. 몫이 1이 될 때까지 계속해서 2로 나눕니다. 나눌 때마다 나온 나머지의 값을 마지막 숫자부터 거꾸로 적습니다.

답 : 165쪽

075
★★☆

다음 숫자의 순서를 바꿔서 두 제곱수를 더한 값이 나오는 숫자를 만드세요.

5522

076
★★★

다음 조건에 맞도록 숫자의 순서를 바꾸세요. 두 제곱수를 나열한 값이며 둘 중 작은 수가 왼쪽에 있고, 큰 제곱수의 제곱근과 100과의 차이는 작은 제곱수의 제곱근보다 큽니다.

2517296

답 : 165쪽

077

둘의 합이 14이고 제곱수끼리의 차가 28인 제곱근 두 개는 무엇일까요?

078

둘의 합이 24이고 제곱수끼리의 차가 144인 제곱근 두 개는 무엇일까요?

079

둘의 합이 19이고 제곱수끼리의 차가 133인 제곱근 두 개는 무엇일까요?

답 : 165~166쪽

★★☆

080

과수원을 하는 로이와 조, 앤, 맥스는 공유지에도 여러 그루의 사과나무를 키웠습니다. 네 사람은 공유지의 나무에서 떨어진 열매를 가져가려고 합니다. 공유지에 떨어진 사과의 개수를 표시한 벤 다이어그램을 보고 질문에 답하세요.

1) 앤과 맥스만 함께 가져갈 수 있는 사과는 몇 개입니까?
2) 앤과 조만 함께 가져갈 수 있는 사과는 몇 개입니까?
3) 조와 로이만 함께 가져갈 수 있는 사과는 몇 개입니까?
4) 로이와 맥스와 조만 함께 가져갈 수 있는 사과는 몇 개입니까?
5) 네 명 모두 가져갈 수 있는 사과는 몇 개입니까?
6) 앤과 맥스와 조만 함께 가져갈 수 있는 사과는 몇 개입니까?
7) 앤과 로이와 조만 함께 가져갈 수 있는 사과는 몇 개입니까?
8) 앤과 맥스와 로이만 함께 가져갈 수 있는 사과는 몇 개입니까?

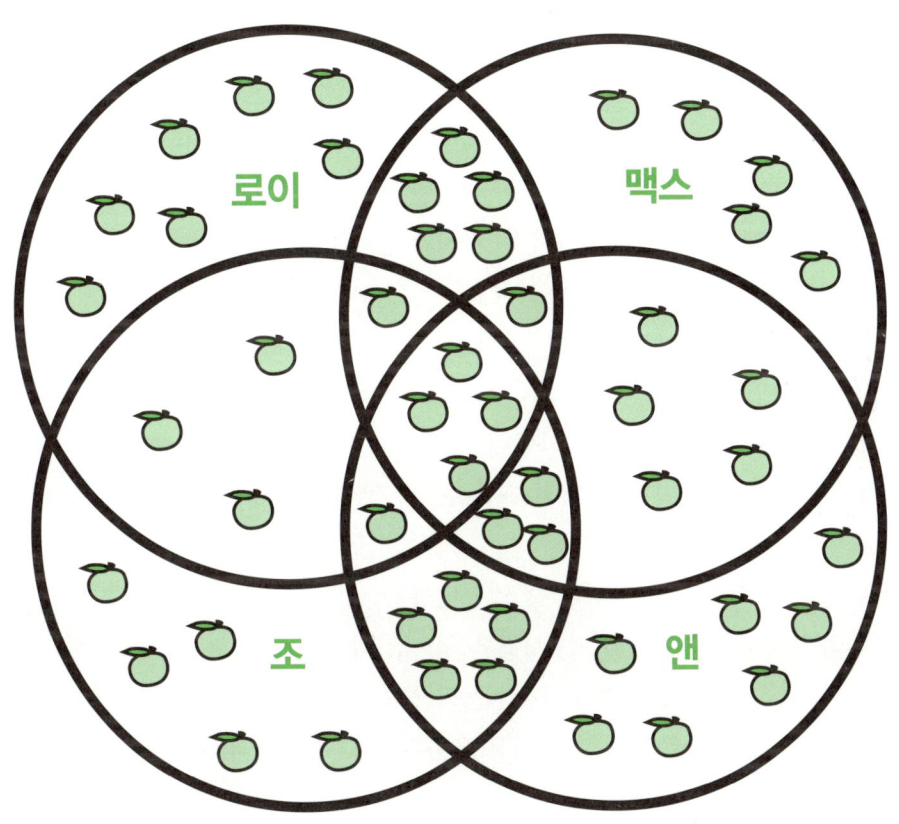

답 : 166쪽

081

다음 내용을 벤 다이어그램으로 그리고 질문에 답하세요.

알쏭달쏭 왕국에는 직유, 암시, 유추, 예시와 같은 특정 표현법을 사용한 사람들로부터 세금을 거두어들이는 수학자가 있습니다. 오늘은 33명이 암시를 썼고 28명이 직유법을 썼으며 31명이 유추를, 28명이 예시를 썼습니다. 하지만 알쏭달쏭 왕국에 사는 사람은 67명뿐이므로 이 중에서 두 가지 이상의 표현법을 쓴 사람이 몇 명인지를 알아야 정확한 세금을 거둘 수 있습니다.

예시만 쓴 사람이 6명이고 직유만 쓴 사람이 7명이며 암시만 쓴 사람이 9명, 유추만 쓴 사람이 8명입니다.

직유만 빼고 모두 함께 사용한 사람이 2명, 예시만 빼고 모두 함께 사용한 사람이 2명, 직유와 예시만 함께 쓴 사람이 5명, 유추와 암시만 함께 쓴 사람이 7명입니다.

1) 유추와 예시만 함께 쓴 사람은 몇 명입니까?
2) 예시와 직유와 암시만 함께 쓴 사람은 몇 명입니까?
3) 유추와 예시와 직유만 함께 쓴 사람은 몇 명입니까?
4) 예시와 직유, 암시, 유추를 모두 사용한 사람은 몇 명입니까?

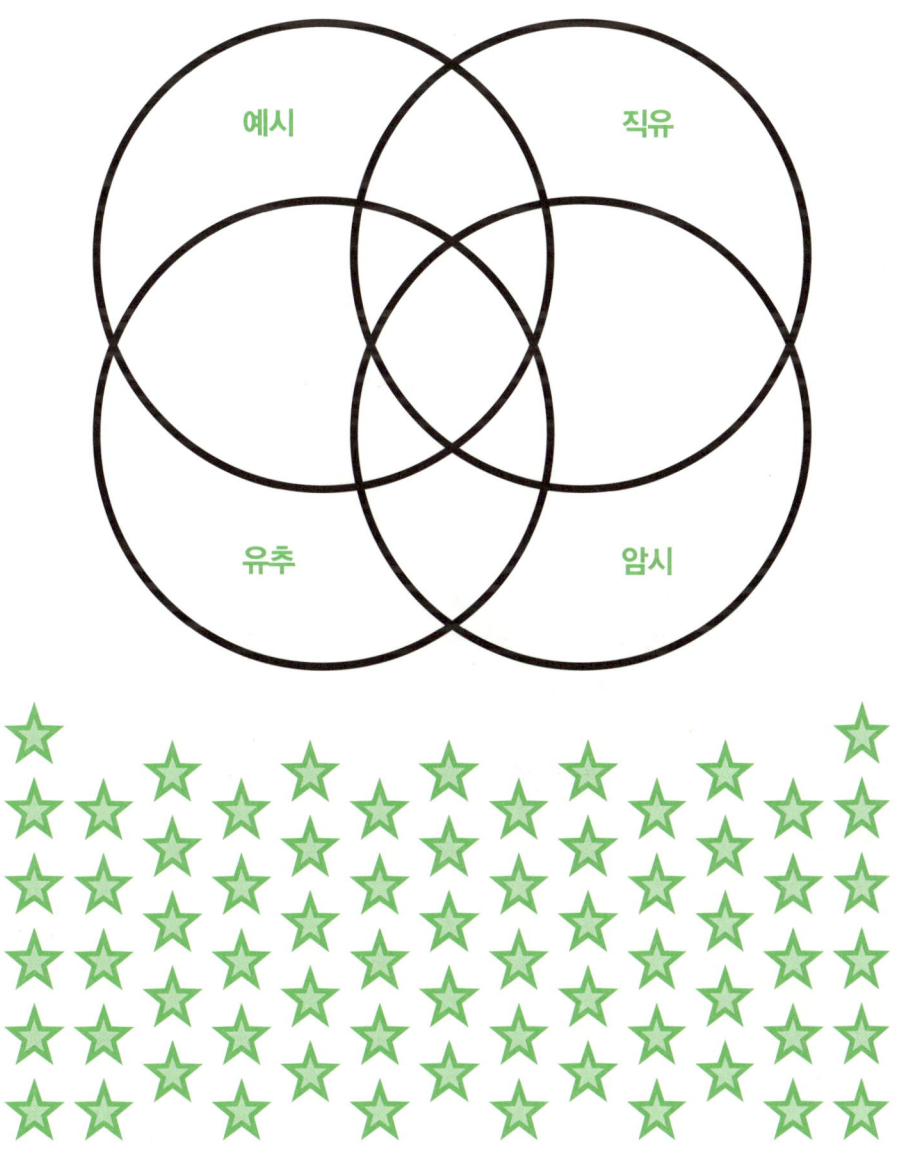

답 : 166쪽

082

다음 내용을 벤 다이어그램으로 그리고 다음 질문에 답하세요.

앨리스가 갖고 있는 책장에는 높이가 서로 다른 네 개의 선반이 있습니다. 여기에 서로 다른 크기의 책 70권을 꽂으려 합니다. 맨 위에 있는 선반을 1번 선반이라고 부르고, 그 아래에 있는 선반을 차례로 2번, 3번, 4번 선반이라고 부릅니다. 1번 선반에는 37권이 들어가고, 2번 선반에는 30권이 들어가며, 3번 선반에는 31권, 4번 선반에는 33권이 들어갈 수 있습니다. 1번 선반에만 들어가는 책은 10권이고, 2번 선반에만 들어가는 책은 6권이며, 3번 선반에만 들어가는 책은 8권, 4번 선반에만 들어가는 책은 6권입니다.

1번 선반에 들어가면서 2번 선반에도 들어가지만 다른 선반에는 들어가지 않는 책은 5권, 3번 선반에 들어가면서 4번 선반에도 들어가지만 다른 선반에는 들어가지 않는 책은 6권입니다. 1번 선반에는 들어가지 않지만 2번 선반에 들어가면서 3번과 4번 선반에도 들어가는 책은 2권이고, 2번 선반에는 들어가지 않지만 1번 선반에 들어가면서 3번과 4번 선반에도 들어가는 책은 1권입니다.

1) 3번 선반에 들어가면서 2번 선반에도 들어가는 책은 몇 권일까요?

2) 1번 선반에 들어가면서 4번 선반에도 들어가는 책은 몇 권일까요?

3) 1번 선반에 들어가면서 3번 선반에도 들어가지만 다른 선반에는 들어가지 않는 책은 몇 권일까요?

4) 3번 선반에는 들어가지 않지만 1번 선반에 들어가면서 2번과 4번 선반에도 들어가는 책은 몇 권일까요?

5) 1번 선반에 들어가면서 2번과 3번, 4번 선반에도 들어가는 책은 몇 권일까요?

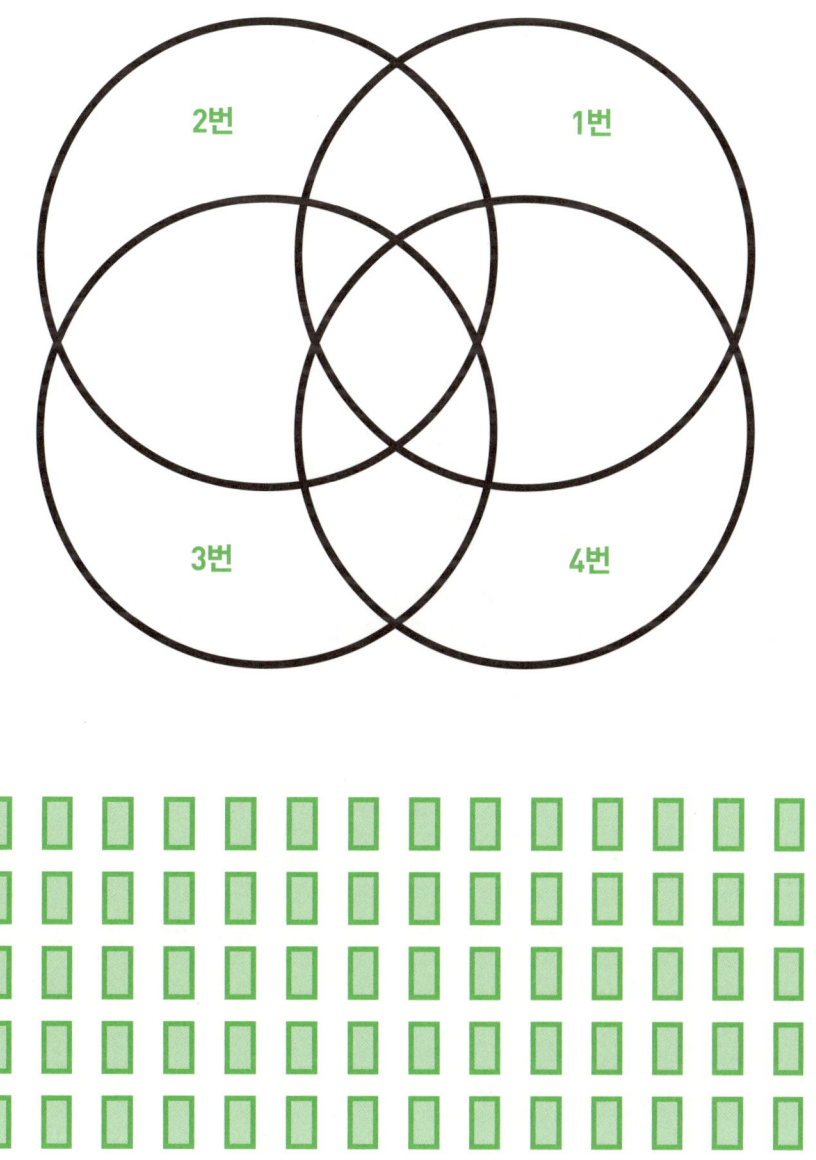

답 : 166쪽

★★★ 083

물음표로 표시된 변의 길이를 구하세요. (소수점 셋째 자리에서 반올림하세요.)

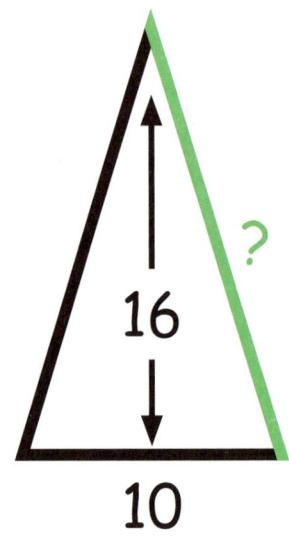

답 : 166쪽

084

그림의 평행사변형에서 u와 w, v와 x, y와 z가 각각 평행하고 u와 x가 직각일 때 x의 길이를 구하세요.

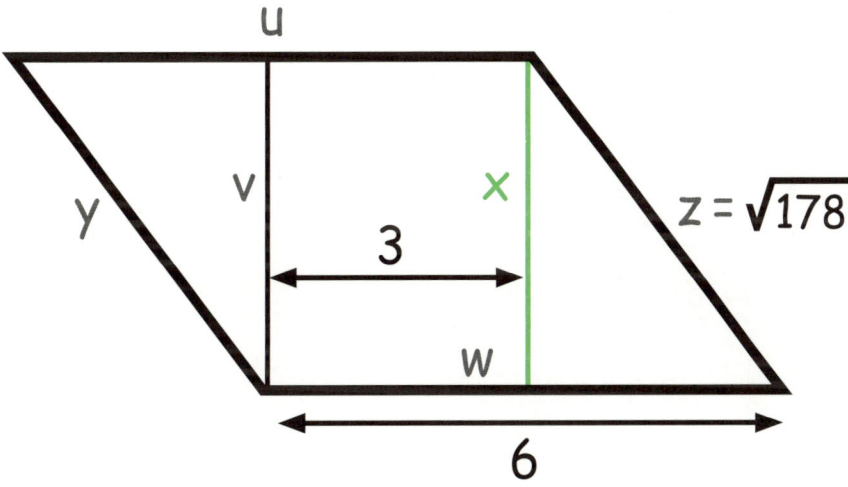

085

다음 분수를 소수로 바꾸어 보세요. 그중 $\frac{1}{2}$ 보다 작은 수는 무엇일까요?

$$\frac{7}{10} \quad \frac{3}{4} \quad \frac{4}{5} \quad \frac{1}{3} \quad \frac{3}{5}$$

> **도움말**
>
> 소수(小數)는 0보다 크고 1보다 작은 수를 뜻해요. 0 다음에 점을 찍어 나타냅니다. 분수를 소수로 바꿀 때는 분자를 분모로 나눠요.

답 : 167쪽

086

다음 분수를 소수로 바꾸어 보세요. 그중 순환소수는 무엇일까요?

$$\frac{1}{1} \quad \frac{2}{5} \quad \frac{1}{8} \quad \frac{1}{4} \quad \frac{2}{3}$$

도움말

'순환소수'란 소수점 아래의 숫자가 어떤 자리에서부터 일정한 규칙으로 무한 반복되는 소수입니다. 이때 일정하게 반복되는 부분을 '순환마디'라 하고 반복되는 숫자 위에 점을 찍어 나타내요. 예를 들면 0.08333…의 순환마디는 '3'으로 1개이며, 0.083으로 표현할 수 있어요.

답 : 167쪽

087

0.75를 분수로 바꾸면 무엇일까요?

088

0.375를 분수로 바꾸면 무엇일까요?

> **도움말**
> 소수를 분수로 바꾸는 방법은 훨씬 간단해요. 소수를 분자로 두고 분모 자리에 1을 적은 다음 소수점 아래 자릿수와 동일한 개수의 0을 1 옆에 붙여 주세요.

답 : 167쪽

089

26의 3.3퍼센트에 해당하는 숫자는 243의 몇 퍼센트일까요? (소수점 셋째 자리에서 반올림하세요.)

090

21.6의 21.6퍼센트에 해당하는 숫자는 194.194의 몇 퍼센트일까요? (소수점 셋째 자리에서 반올림하세요.)

답 : 167쪽

★★★
091

666만 6,666리터의 연료를 실은 우주선이 비행할 수 있는 거리가 66만 6,666킬로미터이고 최고 속도로 비행할 때 분당 16퍼센트의 연료를 사용한다면 최고 속도로 비행할 수 있는 시간은 얼마나 될까요?

답 : 167쪽

★☆☆
092

우리는 1년을 365일로 알고 있습니다. 그런데 2월이 28일이 아닌 29일이 되는 해에는 1년이 366일이 됩니다. 그런 해를 '윤년'이라 하지요. 도움말을 참고해 다음 연도들이 윤년인지 아닌지 맞혀 보세요.

1945

1984

2020

도움말
어떤 해가 윤년인지 아닌지는 다음과 같은 방법으로 알아낼 수 있습니다.
4로 나누어떨어지면서, 100으로 나누어떨어지지 않으면 윤년이다.

답 : 167쪽

093

★★★

미국의 노예 제도가 폐지된 1862년 12월 18일은 무슨 요일이었을까요?
계산 방법과 '요일을 찾아 주는 마법의 표'를 참고해 풀어 보세요.

| 계산하는 방법 |

① 날짜의 연도에서 뒤의 두 자리만 적어 둡니다.
② ①의 값을 4로 나눠 몫을 적어 둡니다. 나머지는 버립니다.
③ 날짜의 달에 적용되는 숫자를 표에서 찾아 두세요. 해당 연도가 윤년인지 아닌지를 먼저 확인해야 합니다. ①의 값이 4로 나누어떨어지는 해가 윤년입니다.
④ 일자를 적어 둡니다.
⑤ 원하는 날짜의 연도에 적용되는 숫자를 표에서 찾아 적어 둡니다.
⑥ ①부터 ⑤까지의 값을 모두 더하세요.
⑦ ⑥의 값을 7로 나눈 뒤 나머지를 잘 적어 둡니다.
⑧ ⑦에서 적어 놓은 나머지와 같은 숫자에 해당하는 요일을 표에서 찾으면 됩니다.

1862.12.18

(1725년부터 2099년까지의) 요일을 찾아 주는 마법의 표

1월	1 (윤년일 경우 0)	1725~1799년	4	일요일	1
2월	4 (윤년일 경우 3)	1800년대	2	월요일	2
3월	4	1900년대	0	화요일	3
4월	0	2000년대	6	수요일	4
5월	2			목요일	5
6월	5			금요일	6
7월	0			토요일	0
8월	3				
9월	6				
10월	1				
11월	4				
12월	6				

답 : 168쪽

094

우리나라가 광복한 1945년 8월 15일은 무슨 요일이었을까요? (87쪽의 '요일을 찾아 주는 마법의 표'를 활용하세요.)

1945.8.15

095

새벽에 북한이 북위 38도선을 넘어 내려와 기습 침략한 1950년 6월 25일은 무슨 요일이었을까요? (87쪽의 '요일을 찾아 주는 마법의 표'를 활용하세요.)

1950.6.25

답 : 168쪽

096

우리나라 최초로 평창에서 동계 올림픽이 열린 2018년 2월 9일은 무슨 요일이었을까요? (87쪽의 '요일을 찾아 주는 마법의 표'를 활용하세요.)

2018.2.9

답 : 168쪽

097

그림의 직사각형 안에 직선 네 개를 그어서 여덟 조각으로 나누고 조각 안의 숫자 합이 각각 25, 26, 27, 28, 29, 30, 31, 32가 되도록 만드세요.

답: 169쪽

098

다음 조건에 맞는 다섯 자릿수 숫자는 무엇일까요?
구하려고 하는 다섯 자릿수 숫자(A)에서 앞의 세 자리(또는 뒤의 세 자리)에 있는 숫자의 합을 나열해 새로운 다섯 자릿수 숫자(B)를 만듭니다. 이 숫자(B)에서 원래의 숫자(A)를 뺀 값(C)의 각 자릿수 숫자를 더하면 21이 돼요. 구하려고 하는 다섯 자릿수 숫자(A)에서 십의 자리 숫자와 백의 자리 숫자(또는 천의 자리 숫자와 백의 자리 숫자)의 합을 나열해 만든 다섯 자릿수 숫자(D)에서 원래의 숫자(A)를 뺀 값(E)의 각 자리 숫자를 더하면 16이 됩니다.

> **도움말**
> 제시된 모든 수는 앞에서부터 읽어도 뒤에서부터 읽어도 같은 숫자입니다.
> 구하려고 하는 다섯 자릿수 숫자(A)에서 앞의 세 자리(또는 뒤의 세 자리)에 있는 숫자의 합을 나열해 새로운 다섯 자릿수 숫자(B)를 만드는 방법의 예를 들어 줄게요.
> A가 11111이라면, B는 1+1+1=3이므로 33333이 됩니다.

답 : 169쪽

099

다음 숫자의 순서를 바꿔서 1을 빼면 제곱수가 되고, 그 제곱근은 25000보다 크고 26000보다 작은 숫자를 만드세요.

503402726

100

다음 조건에 맞는 숫자 세 개는 무엇일까요?
세 숫자 모두 제곱근이며 세 숫자를 모두 더한 값은 41입니다. 세 숫자의 제곱수 중 가장 큰 숫자와 중간 숫자를 더한 값에서 가장 작은 숫자와 중간 숫자를 더한 값을 빼면 203이 됩니다.

답 : 170쪽

101

200킬로미터 떨어진 곳에 있는 자동차 두 대가 시속 50킬로미터의 속도로 서로를 향해 달리고 있습니다. 자동차가 부딪치기 직전까지 말벌 한 마리가 시속 75킬로미터의 속도로 두 자동차 사이를 왕복한다면 말벌의 비행 거리는 얼마일까요?

답 : 170쪽

102

다음 조건에 맞는 다섯 자리 숫자는 무엇일까요?
숫자 2, 4, 6, 8로 이루어진 다섯 자리 숫자(A)를 구하세요. 이 숫자(A)의 순서를 역순으로 바꾸어 만든 숫자(B)를 원래의 숫자(A)에서 빼면 21978이 됩니다.

103

제니가 카드놀이를 하려고 친구들을 불렀습니다. 4명에게 카드를 똑같이 나누어 주면 카드 2장이 남고, 7명에게 나누어 주면 4장, 3명에게 나누어 주면 1장이 남습니다. 제니가 갖고 있는 카드는 모두 몇 장일까요?

> **도움말**
> 제니가 갖고 있는 카드는 10장에서 50장 사이입니다.

답 : 170쪽

★★★ 104

다음 조건에 맞는 네 자릿수 숫자 두 개는 무엇일까요?
첫 번째 숫자의 제곱에 두 번째 숫자를 더하면 97540808이 되고 두 번째 숫자의 제곱에 첫 번째 숫자를 더하면 29516500이 됩니다.

★★★ 105

다음 조건에 맞는 여덟 자릿수 숫자는 무엇일까요?
숫자 1, 2, 3, 4로 이루어졌으며 앞의 네 자리 숫자에서 뒤의 네 자리 숫자를 빼면 2222가 되고 가운데 네 자리의 숫자끼리 더하면 10이 됩니다.

답 : 170쪽

★☆☆
106

다음 그림에서 원은 전부 몇 개일까요?

도움말

둥근 것은 모두 원일까요?
둥글게 생겼다고 모두 원이 되는 것은 아닙니다. 다음 그림처럼 둥글기는 하지만 약간 눌린 듯이 생긴 것은 원이라 부르지 않고 타원이라고 합니다.

타원

답 : 170쪽

107

지름이 8인 원의 반지름은 얼마일까요?

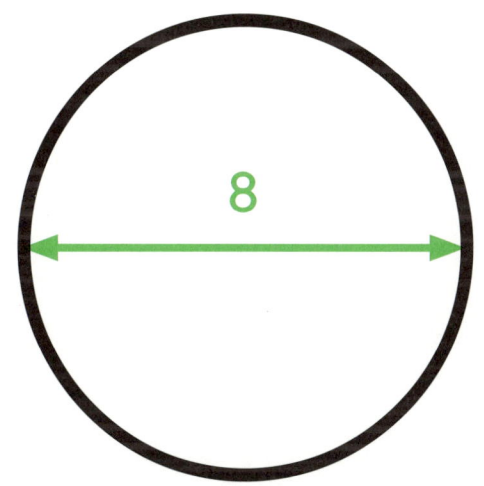

> **도움말**
>
> '지름'은 원의 중심을 지나는 직선으로, 그 둘레 위의 두 점을 이은 선분 또는 그 선분의 길이를 뜻합니다. 반지름의 2배예요. 공식에서는 d로 나타내요.
>
> '반지름'은 원의 중심에서 원의 둘레에 있는 한 점까지 이르는 선분 또는 그 선분의 길이를 뜻합니다. 공식에서는 r로 나타내요.
>
>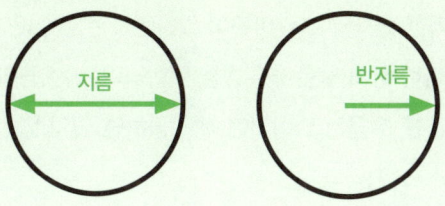

답 : 170쪽

108

반지름이 7인 원의 넓이는 얼마일까요?
단, π는 무한소수이므로 근삿값인 3.14로 푸세요. 답이 소수인 경우에는 소수점 셋째 자리에서 반올림하세요.

도움말

원의 넓이를 구하는 공식은 $πr^2$입니다. 여기에서 r은 반지름을, π는 원주율(3.14)를 뜻해요. pi라고 적기도 하는 π는 파이라고 읽으며, 어떤 원이라도 그 둘레를 지름으로 나누면 π가 되는 신기한 숫자입니다. 바꾸어 말하면 π는 원주(원의 둘레)를 지름으로 나눈 비율로 항상 일정하며, 이 비율은 원주율을 뜻합니다. π는 원의 넓이를 구할 때도 사용하는데, 원의 반지름을 제곱하고 여기에 π를 곱하면 원의 넓이가 나와요. 이를 간단히 줄여서 표현한 것이 $πr^2$입니다.

답 : 171쪽

109

다음 삼각형의 빈 공간에 들어갈 수 있는 원은 몇 개일까요?

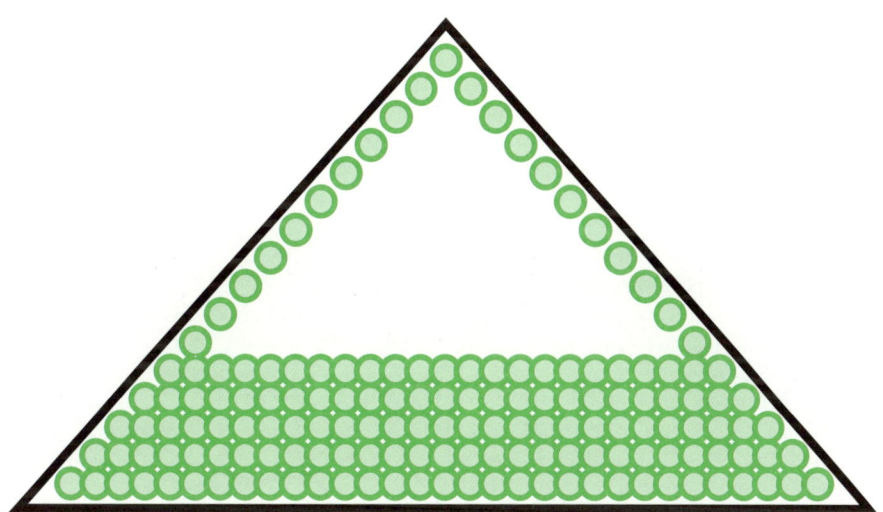

답 : 171쪽

★★☆
110

다음 그림에서 원은 모두 몇 개일까요?

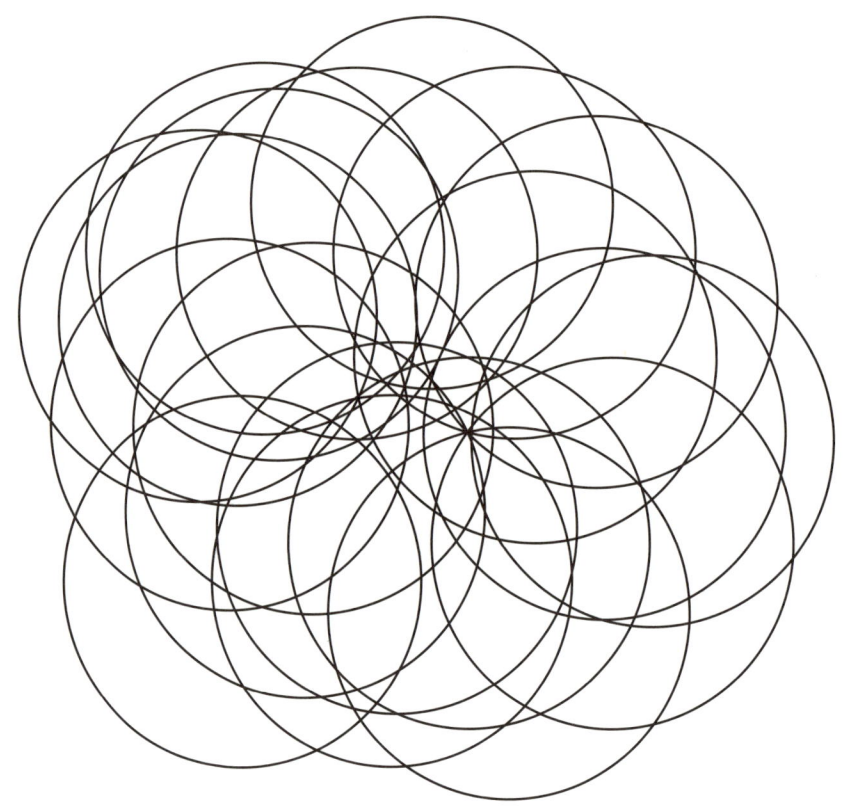

답 : 171쪽

★★☆
111

원의 둘레가 10이면 지름은 얼마일까요?
단, π는 무한소수이므로 근삿값인 3.14로 푸세요. 답이 소수인 경우에는 소수점 셋째 자리에서 반올림하세요.

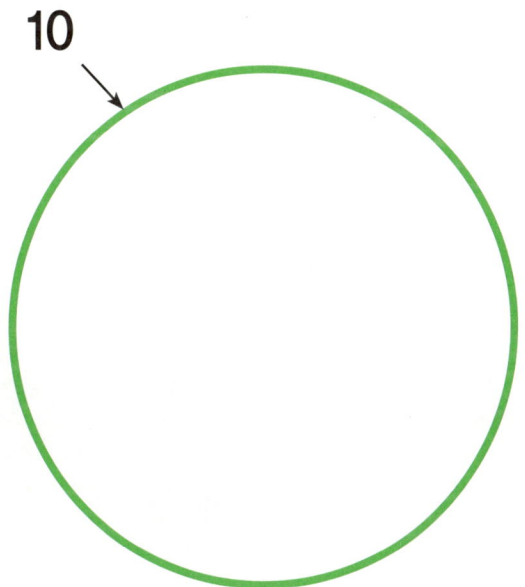

> **도움말**
>
> 원의 둘레는 '원주'라고도 하며, 원주를 구하는 공식은 π×지름입니다.
>
>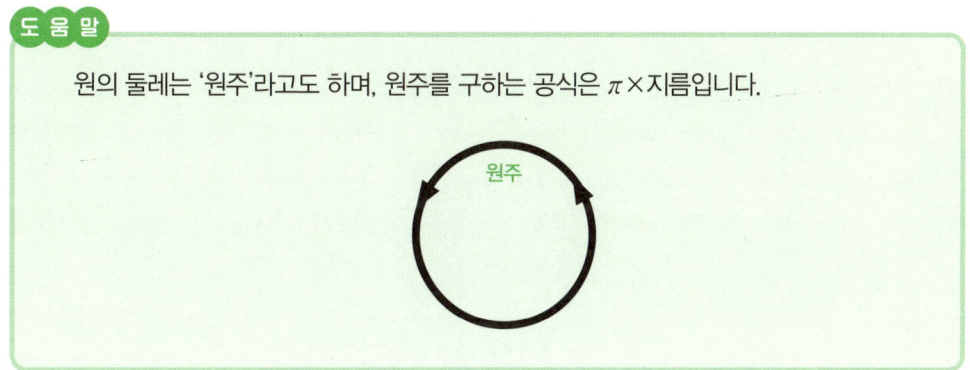

답 : 171쪽

112

원 넓이의 25퍼센트에 해당하는 값이 13이면 전체 넓이는 얼마일까요? 단, π는 무한소수이므로 근삿값인 3.14로 푸세요. 답이 소수인 경우에는 소수점 셋째 자리에서 반올림하세요.

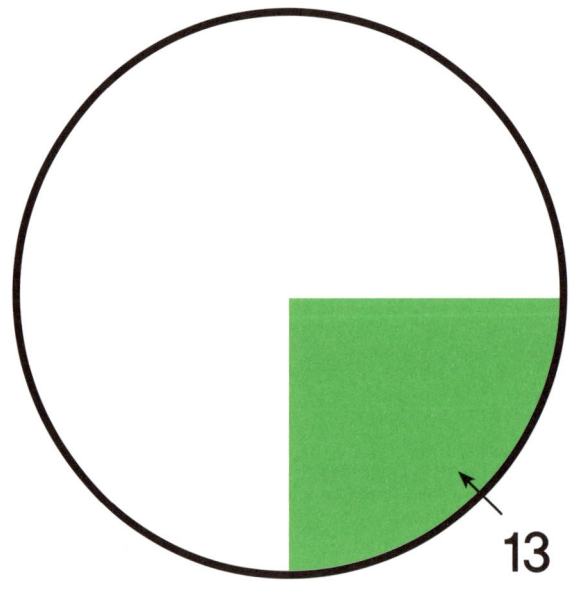

답 : 171쪽

멘사 개념 수학 퍼즐

Mensa KiDS

탐구활동

계산기보다 빠른 암산법

인원수: 2명
준비물: 종이와 연필

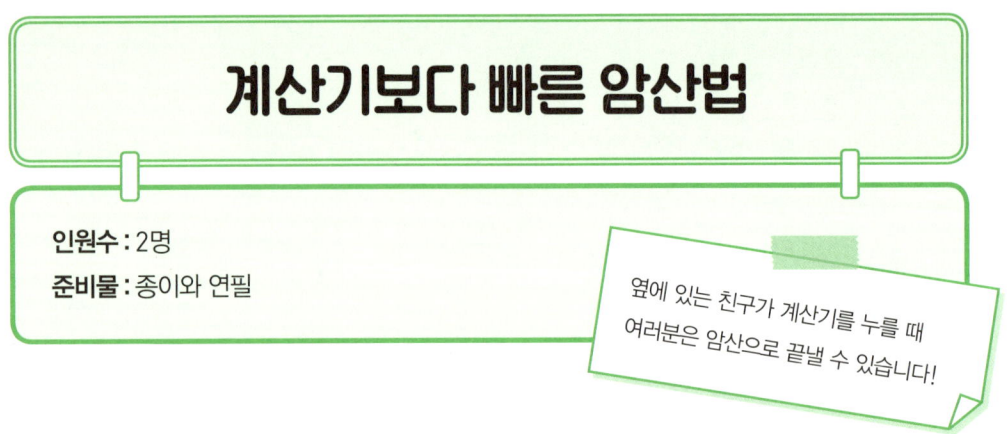
옆에 있는 친구가 계산기를 누를 때 여러분은 암산으로 끝낼 수 있습니다!

다음과 같은 방법으로 숫자 세 개를 더해 보세요.

1단계

친구에게 다섯 자릿수 숫자 중에 아무 숫자나 써 보라고 합니다. (다섯 자릿수 숫자가 아니어도 좋아요.) 친구가 적은 숫자가 31625라고 가정합니다.

2단계

친구가 쓴 숫자 밑에 다시 다섯 자릿수 숫자를 적습니다. 숫자를 적을 때는 왼쪽부터 적는 것이 중요합니다. 각 자리의 숫자를 더했을 때 무조건 9가 되는 숫자를 적어야 하기 때문에 숫자를 오른쪽부터 적으면 머릿속으로 뺄셈을 하고 있다는 사실을 들킬지도 몰라요. 친구가 적은 숫자가 31625이므로 그 아래에 적을 숫자는 68374입니다.

   숫자를 적을 때는 다음과 같이 계산하세요.
   '9-3=6, 9-1=8, 9-6=3, 9-2=7, 9-5=4'
   친구가 적은 숫자와 여러분이 적은 숫자를 더하면 99999가 될 것입니다.

3단계

친구에게 다섯 자릿수 숫자를 또 적으라고 합니다. 친구가 적은 숫자가 73840이라

104

고 하면 지금까지 적힌 숫자는 다음과 같습니다.

```
31625
68374
73840
```

4단계
이제 친구에게 계산기를 건네주면서 이 숫자들을 모두 더해 보라고 합니다.

5단계
친구가 계산기에 숫자들을 입력하는 동안 여러분은 재빨리 173839라고 답을 적습니다.

해답을 빨리 구할 수 있는 비밀은 맨 마지막에 적은 숫자에 있습니다. 해답과 마지막 숫자를 비교해 보면 마지막 숫자 앞에 1이 추가되어 여섯 자릿수 숫자가 되고 맨 끝의 두 자리에 있는 40에서 1을 뺀 값인 39가 적힌 것 말고는 두 숫자가 똑같습니다. 원래는 맨 끝의 숫자에서 1을 빼면 되지만 73840처럼 0으로 끝나는 경우 40에서 1을 뺀 값을 적으세요.

이 암산법이 다른 숫자에도 적용되는지 궁금하다면 여러 숫자로 연습해 보세요. 친구가 적은 숫자의 각 자릿수를 9에서 빼는 계산만 능숙하게 해내면 누구에게도 들키지 않고 빠른 덧셈 실력을 자랑할 수 있습니다.

홀수/짝수를 잡아라!

인원수: 2명
준비물: 게임 보드, 종이와 색연필
참가자들은 서로 색깔이 다른 색연필을 준비합니다.

게임 방법

1. 참가자1이 임의의 숫자 두 개를 골라 줄을 긋습니다. 그런 다음 짝수가 적힌 칸으로만 이동하며 이어서 줄을 그어 나갑니다. 이때 홀수가 적힌 칸을 지나서는 안 되며 0은 짝수로 간주합니다.
2. 참가자2가 임의의 숫자 두 개를 골라 줄을 긋습니다. 이번에는 홀수가 적힌 칸으로만 이동하면서 줄을 그어 나갑니다. 이때 짝수가 적힌 칸은 지나가지 못합니다.
3. 다시 참가자1의 차례가 되면 앞에 그은 선이 끝나는 곳에 이어서 출발할 수 있습니다. 홀수나 짝수 중에 하나를 선택해서 움직이되 다른 선을 지나가면 안 됩니다.
4. **상대방이 그어 놓은 선을 완전히 둘러싸고 다시 출발점으로 돌아오는 것이 게임의 목표**입니다. 상대방이 움직이지 못하도록 먼저 막은 사람이 게임에서 이기며, 서로 막지 못했을 때는 선을 그은 숫자의 합이 큰 사람이 이깁니다.
5. 짝수와 홀수 중에 상대방에게 유리할 것 같은 숫자에 먼저 선을 그어서 상대방이 움직일 수 있는 자리를 없애는 것이 요령입니다.

규칙

1. 상대방이 그은 선을 둘러싸지 못하고 원점으로 돌아오는 사람은 게임에서 집니다.
2. 선을 그을 때는 가로나 세로 방향으로만 움직일 수 있습니다.

3. 더 움직일 곳이 없을 때는 새로운 자리에서 다시 시작할 수 있습니다. 단, 지금까지 그은 선은 모두 무효가 됩니다.
4. 모든 선은 교차할 수 없습니다.

연습 게임

1. 다음 게임 보드에서 참가자1이 회색 칸의 숫자에서 출발해 짝수를 따라 움직이다가 홀수인 7 앞에서 멈췄습니다.
2. 참가자2는 검은색 칸에서 출발해 홀수를 따라 움직이다가 짝수인 0 앞에서 멈췄습니다.
3. 이때 다음 차례인 참가자1은 아까 멈춰 선 자리 4의 아래에 있는 9를 거쳐 0으로 간 다음 다시 아래쪽 4, 왼쪽 4의 순서로 움직이는 것이 유리합니다.

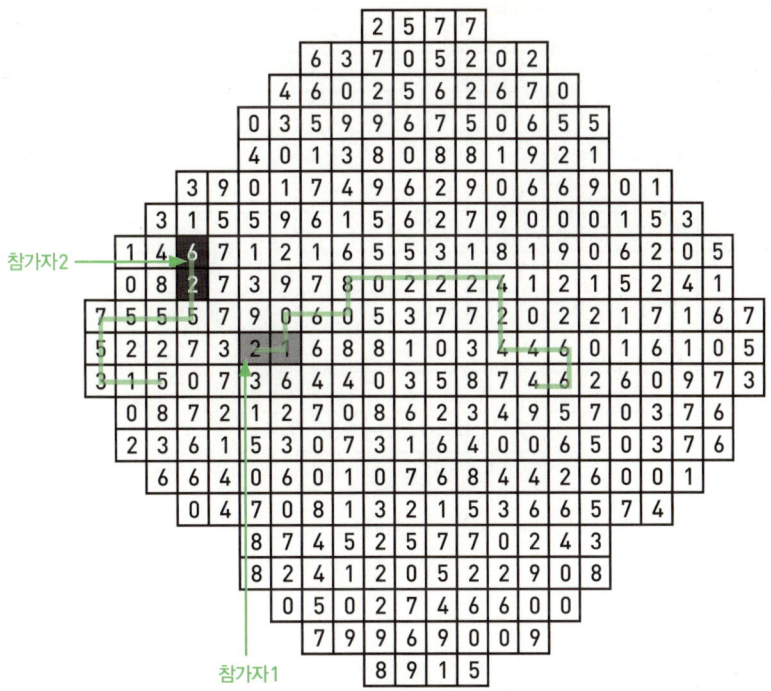

초급용 게임 보드

							5	2	5	7	7	3	5							
						6	3	7	0	5	2	0	2	5						
					5	4	6	0	2	5	6	2	6	7	0	4	5			
				5	0	3	5	9	9	6	7	5	0	6	5	5	0	3		
			4	1	4	0	1	3	8	0	8	8	1	9	2	1	4	0	4	
		0	3	9	0	1	7	4	9	6	2	9	0	6	6	9	0	1	5	0
	9	4	6	0	8	2	6	5	9	9	4	0	2	1	1	0	8	2	4	0 5
1	7	1	4	8	8	5	6	2	5	4	6	1	1	2	4	6	1	8	2	5 6 2
5	1	5	0	4	6	1	5	6	4	6	7	4	6	5	7	9	5	6	2	0 5 6 3 0
6	7	3	9	6	9	7	4	7	5	5	4	5	2	6	5	5	9	6	7	5 2 4 1 5
8	8	5	6	2	5	0	8	5	1	0	9	1	5	8	2	5	6	2	1	7 1 4 2 1
9	7	3	0	9	7	2	3	0	6	1	6	1	1	7	5	1	7	4	7	1 6 1 0
0	2	6	4	5	4	9	1	6	5	4	9	1	4	5	4	8	4	6	6	9 2 6 0 9
4	7	2	3	6	1	5	3	0	7	3	1	6	4	0	0	6	5	0	3	7 6 5 4 7
6	7	4	6	6	4	0	6	0	1	0	7	6	8	4	4	2	6	0	0	1 6 2 0 0
0	7	1	5	0	4	7	0	8	1	3	2	1	5	3	6	6	5	7	4	6 5 2 8 3
0	8	7	2	5	2	8	7	4	5	2	5	7	7	0	2	4	3	1	6	1 3 6 3 4
	6	7	5	1	6	8	2	4	1	2	0	5	2	2	9	0	8	2	9	1 6 3 4
		0	9	5	1	4	0	5	0	2	7	4	6	6	0	0	1	4	0	7 1 6
			1	6	9	0	1	7	9	9	6	9	0	0	9	5	9	0	1	4 5
				4	0	8	2	8	3	8	9	1	5	1	6	2	0	8	2 5
					7	1	6	2	1	1	6	7	4	1	0	4	7	1	6
						5	4	3	0	9	6	8	2	2	3	6	4	5	
							6	7	3	2	4	6	0	7	6				
								6	2	5	3	0	6	7					

중급용 게임 보드

```
                        5 1 5 7 7 0 5
                      6 7 3 5 5 2 6 2 5
                  5 4 6 0 2 0 6 2 0 7 0 4 5
                5 0 3 5 9 0 5 7 5 1 6 5 5 0 3
              4 1 4 0 1 3 8 6 8 8 0 9 2 1 4 0 4
            0 3 9 0 1 7 4 9 0 2 9 2 6 6 9 0 1 5 0
          9 4 6 0 8 2 6 5 9 6 4 0 1 1 1 0 8 2 4 0 5
        1 7 1 4 8 8 5 6 2 5 9 6 1 5 2 4 6 1 8 2 5 6 2
      5 1 5 0 4 6 1 5 6 4 4 4 6 6 7 9 5 6 2 0 5 6 3 0
      6 7 3 9 6 9 7 4 7 5 5 7 5 2 8 5 5 9 6 7 5 2 4 1 5
      8 8 5 6 2 5 0 8 5 1 0 4 1 5 7 2 5 6 2 1 7 1 4 2 1
      9 7 3 0 9 7 2 3 0 6 1 9 1 1 5 5 1 1 7 4 7 1 6 1 0
      0 2 6 4 5 4 9 1 6 5 4 6 1 4 8 4 8 4 6 6 9 2 6 0 9
      8 8 5 6 2 5 0 8 5 1 0 9 1 5 1 2 5 6 2 1 7 1 4 2 1
      0 1 9 7 2 0 9 7 2 3 0 9 1 6 1 1 7 5 1 1 7 4 7 1 6
      9 0 0 2 6 4 5 4 9 1 6 6 4 9 0 4 5 4 8 4 6 6 9 2 6
      4 7 2 3 6 1 5 3 0 7 3 5 6 4 0 0 6 5 0 3 7 6 5 4 7
      4 7 2 3 6 1 5 3 0 7 3 5 6 4 0 0 6 5 0 3 7 6 5 4 7
      6 7 4 6 6 4 0 6 0 1 0 1 6 8 3 4 2 6 0 0 1 6 2 0 0
      0 7 1 5 0 4 7 0 8 1 3 7 1 5 0 6 6 5 7 4 6 5 2 8 3
      0 8 7 2 5 2 8 7 4 5 2 2 7 7 2 2 4 3 1 6 1 3 6 2 1
        6 7 5 1 6 8 2 4 1 2 5 5 2 6 9 0 8 2 9 1 6 3 4
          0 9 5 1 4 0 5 0 2 0 4 6 0 0 0 1 4 0 7 1 6
            1 6 9 0 1 7 9 9 7 9 0 1 9 5 9 0 1 4 5
              8 2 8 3 8 6 1 5 1 6 2 0 8 2 5 0 4
                7 1 6 2 1 1 9 7 4 2 0 4 7 1 6
                  5 4 3 0 9 6 8 2 0 3 6 4 5
                      6 7 3 6 4 6 6 7 6
                        6 2 2 3 0 3 7
```

상급용 게임 보드

수식 찾기

인원수: 제한 없음
준비물: 종이와 연필, 계산기

게임 방법

1. 참가자들이 순서대로 돌아가며 0부터 9까지의 숫자 중에 하나를 외칩니다. 참가자들이 부른 숫자가 미리 정해 놓은 자릿수에 도달할 때까지 차례로 종이에 적습니다.
2. **숫자가 만들어졌으면 가감승제 기호(+, −, ÷, ×)를 한 번씩만 사용해서 종이에 적힌 숫자가 나올 수 있는 수식을 만드는 것이 게임의 목표**입니다.
3. 참가자가 초등학생인 경우는 세 자릿수, 중고등학생은 네 자릿수를 만드는 것이 적당하며 성인은 다섯 자릿수여도 괜찮습니다.
4. 몇 자릿수를 만들 것인지는 참가자끼리 자유롭게 정합니다.

규칙

1. 수식에는 반드시 두 자릿수 숫자가 두 개 있어야 합니다.
2. 가감승제 기호는 각각 한 번씩만 사용해야 합니다.
3. 같은 숫자는 두 번 이상 사용할 수 없습니다. (예를 들어 2+7×9÷2−13라는 수식에는 2가 2번 쓰였으므로 사용할 수 없습니다.)
4. 연산 기호 네 개와 숫자 다섯 개가 들어간 수식을 다 적으면 "찾았다!"라고 외칩니다. 가장 먼저 수식을 완성한 사람이 게임에서 이깁니다.
5. 계산은 곱셈과 나눗셈을 먼저 하지 않고 그저 차례대로 합니다.

6. 완성된 수식이 맞는지 반드시 확인합니다.
7. 수식을 확인할 때는 종이에 계산해도 되고 계산기를 써도 됩니다.
8. 게임은 다섯 번이 한 세트이며, 다섯 세트의 결과를 합쳐 승자를 정합니다.

연습 게임

참가자1 : 1
참가자2 : 0
참가자3 : 0

참가자들이 부른 숫자를 차례대로 적으면 숫자 '100'이 완성됩니다.

참가자2 : 찾았다! $24 \times 8 + 17 - 9 \div 2$. 증명해 보면 $24 \times 8 = 192$, $192 + 17 = 209$, $209 - 9 = 200$, $200 \div 2 = 100$!
참가자1 : 나도 찾았어. 내 수식은 $36 + 17 \times 4 - 12 \div 2$. 증명해 보면 $36 + 17 = 53$, $53 \times 4 = 212$, $212 - 12 = 200$, $200 \div 2 = 100$
참가자3 : 난 모르겠어.

가장 먼저 수식을 찾은 참가자2가 이겼습니다.

숫자 도미노

인원수: 2~5명
준비물: 숫자 도미노 보드, 종이와 색연필
참가자들은 서로 색깔이 다른 색연필을 준비합니다.
8세 미만의 어린이는 계산기를 사용해도 됩니다.

게임 방법

1. 평범한 도미노 게임과는 달리 숫자 도미노는 0에서 9까지의 숫자가 전부입니다.
2. 게임을 시작하기 전에 도미노 보드에 각자의 색연필로 가로세로 7×2개(또는 가로세로 2×7개)의 숫자에 경계선을 그어 자기 영역을 선택합니다. 숫자 도미노 게임에서는 각자 선택한 영역 안에 있는 숫자만 사용할 수 있습니다. 이때 자신이 고른 숫자는 상대방이 보지 못하도록 종이로 가려도 됩니다.
3. 동전을 던져서 순서를 정합니다.
4. 도미노를 맨 처음 놓는 첫 번째 참가자는 자기 영역에서 숫자 두 개를 골라 어느 곳에나 놓을 수 있습니다. 숫자를 선택할 때는 자신의 영역이 가로로 긴 영역이면 세로로 놓인 숫자 두 개를, 세로로 긴 영역이면 가로로 놓인 숫자 두 개를 선택해야 합니다. 예를 들면 다음 연습 게임에서 참가자1은 가로가 긴 영역을 사용하기 때문에 세로에 놓인 숫자(3과 7)를 선택했고, 참가자2는 세로가 긴 영역을 사용하기 때문에 가로에 놓인 숫자(7과 8)를 선택했습니다.
5. 숫자를 골랐으면 숫자판에 적힌 숫자를 지우고 도미노 보드에 해당 숫자 두 개를 가로나 세로로 이웃하게 적습니다. 그리고 자신의 펜으로 경계선을 표시합니다.
6. 첫 번째 참가자가 도미노 보드에 숫자를 적으면(즉, 도미노를 놓으면) 두 번째 참가자는 자신이 고른 숫자를 앞사람이 둔 도미노의 끝에 연결되도록 놓아야 합니

다. 이 부분은 일반적인 도미노 게임과 비슷합니다.
7. 이후부터는 순서대로 돌아가면서 숫자 두 개를 골라 보드 위의 도미노에 연결해서 놓습니다. 어떤 숫자를 선택하느냐에 따라 게임의 승패가 결정됩니다.
8. 다른 참가자가 도미노를 연결하지 못하도록 숫자를 골라서 도미노를 놓는 것이 요령입니다.
9. **자신이 갖고 있는 도미노를 모두 내려놓고, 상대방이 '책상을 치도록' 하는 것이**(자세한 설명은 규칙을 참고하세요.) **게임의 목표**입니다.
10. 도미노를 놓을 수 있는 사람이 없을 때는 남아 있는 숫자의 합이 가장 적은 사람이 게임에서 이깁니다.
11. 남아 있는 숫자의 합이 같다면 남아 있는 도미노의 개수가 적은 사람이 승리합니다.

규칙
1. 내려놓을 도미노가 없을 때는 책상을 치면서 차례를 넘길 수 있습니다.
2. 도미노는 수직이나 수평으로만 놓아야 하며 대각선으로 놓으면 안 됩니다.
3. 도미노를 놓을 곳이 없을 때는 다른 자리에서 새로 시작할 수 있습니다. 단, 먼저 놓았던 도미노는 모두 무효가 됩니다.
4. 도미노 보드가 꽉 차서 새로운 게임을 시작할 수 없을 때는 보드에 놓인 도미노의 숫자를 모두 더해서 승자를 가립니다.

연습 게임
1. 다음 도미노 보드에서 참가자1이 3-7을 도미노 보드에 놓자, 참가자2가 7-8을 도미노 보드에 놓았습니다.
2. 다시 참가자1이 8-6을 도미노 보드에 놓았으므로 참가자2는 자신의 영역 안에 6을 포함한 숫자가 없어서 3-2를 놓을 수밖에 없습니다.

3. 이제 참가자1은 2-3을 놓아도 되고 2-5를 놓아도 됩니다.

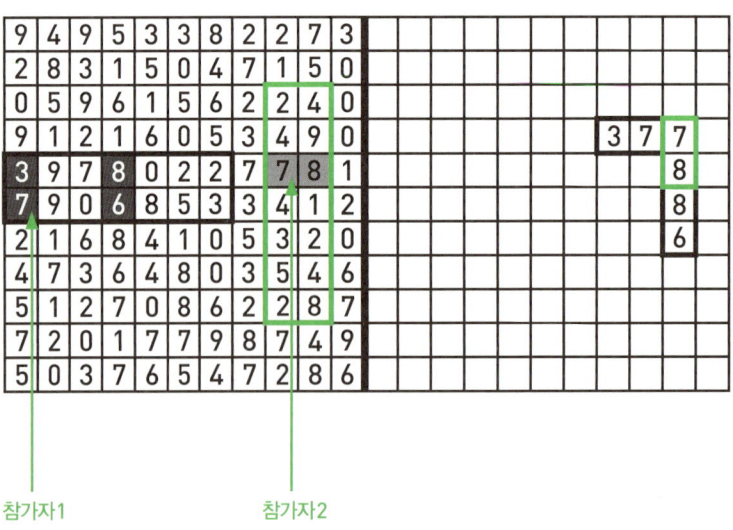

참가자1   참가자2

초급용 도미노 보드

초급용 도미노 보드

2	4	9	1	5	3	8	7	2	5	0
0	8	3	6	1	0	4	2	1	4	0
9	5	9	1	6	5	6	3	2	9	0
3	1	2	8	0	0	5	7	4	8	1
7	9	7	6	8	2	2	3	7	1	2
2	9	0	8	4	5	3	5	4	2	0
4	1	6	6	4	1	0	3	3	4	6
5	7	3	7	0	8	0	2	5	8	7
7	1	2	1	7	8	6	8	2	4	9
5	2	0	7	6	7	9	7	7	8	6
9	0	3	5	3	5	4	2	2	7	3

2	4	9	1	5	3	8	7	2	5	0
0	8	3	6	1	0	4	2	1	4	0
9	5	9	1	6	5	6	3	2	9	0
3	1	2	8	0	0	5	7	4	8	1
7	9	7	6	8	2	2	3	7	1	2
2	9	0	8	4	5	3	5	4	2	0
4	1	6	6	4	1	0	3	3	4	6
5	7	3	7	0	8	0	2	5	8	7
7	1	2	1	7	8	6	8	2	4	9
5	2	0	7	6	7	9	7	7	8	6
9	0	3	5	3	5	4	2	2	7	3

중급용 도미노 보드

4	5	4	6	1	6	1	3	7	4	3	0	9	5	6	0	0	7	0	6	0	4
2	0	4	0	7	4	7	7	0	9	6	9	8	5	3	7	1	5	0	2	0	6
2	1	9	0	7	7	0	8	6	7	6	3	1	0	7	2	1	2	5	4	1	5
1	3	1	9	6	2	3	4	9	1	7	1	9	7	5	6	2	7	2	7	5	6
3	4	0	6	2	4	3	6	5	2	6	0	3	6	4	0	0	6	4	4	0	4
6	6	2	7	0	3	6	1	0	3	6	7	2	9	9	5	6	9	6	5	6	3
0	2	4	0	7	1	6	2	1	0	5	6	4	6	1	4	1	6	6	0	1	7
5	5	6	2	9	0	6	2	4	4	1	6	4	7	7	1	5	7	4	6	1	6
4	7	8	1	2	7	5	7	5	2	0	5	3	6	2	5	5	7	5	7	5	1
5	5	2	7	7	4	7	3	8	3	1	3	2	9	5	7	2	9	7	9	2	3
9	1	2	6	3	5	5	6	2	2	2	1	2	7	3	8	6	7	4	8	1	9

상급용 도미노 보드

7	0	6	5	2	4	6
5	8	2	7	0	1	1
0	9	6	3	2	5	2
2	6	7	1	5	0	5
8	4	6	5	6	8	1
1	6	4	7	0	6	6
0	2	6	9	6	4	6
5	9	3	6	5	6	6
7	1	4	7	9	2	3
1	6	5	6	0	4	1
5	5	6	5	7	4	1
3	4	9	8	9	7	5
5	7	4	8	3	8	6
1	9	6	2	6	1	6
2	9	0	8	6	4	8
6	0	6	5	3	0	2
7	0	6	5	2	4	3
8	2	7	0	1	9	5
0	9	6	3	2	2	2
2	6	7	1	9	0	5
8	4	6	5	5	8	1
1	6	4	7	0	5	6
0	2	6	9	6	1	6
5	0	3	6	5	6	6
7	1	4	7	9	2	3
1	6	5	6	0	4	1
5	5	6	5	7	4	1
3	4	9	8	9	7	5
5	7	4	8	3	8	6
1	9	6	2	6	1	6
2	9	0	8	6	4	8
6	0	6	5	3	0	2
7	0	6	5	2	4	3
8	2	7	0	1	9	5
0	9	6	3	2	2	2
2	6	7	1	9	0	5
8	4	6	5	5	8	1

나이트 게임

인원수 : 2~4명
준비물 : 종이와 색연필, 참가자들은 서로 색깔이 다른 색연필을 준비합니다.

> 선을 긋는 방법이 체스에서 나이트가 움직이는 방법과 비슷해요!

게임 방법
나이트 보드의 숫자 위에 선을 그어 숫자의 합이 가장 크게 하는 것이 게임의 목표입니다.

규칙
1. 다른 참가자가 먼저 선택한 숫자에는 선을 그을 수 없습니다.
2. 선을 그을 때는 알파벳 대문자 'L'의 형태로만 그을 수 있는데, 직선상에 있는 숫자 세 개와 여기에 90도로 놓인 숫자 하나를 선택해 'L'자 모양을 만듭니다.
3. 더 선을 그을 수 없을 때까지 같은 보드에서 게임을 계속할 수 있으며, 게임이 끝나면 지금까지 선을 그은 숫자의 합이 가장 큰 사람이 이깁니다.

연습 게임
1. 참가자1이 숫자 6-9-9-8을 선택하고 다음과 같이 줄을 긋습니다.

2	7	0	6	2
2	3	6	9	4
3	1	8	9	3
8	3	6	8	6
1	2	5	4	3

2. 참가자2가 숫자 8-6-5-4를 선택하고 다음과 같이 줄을 긋습니다. 숫자를 고를 때는 되도록 큰 숫자를 골라야 다른 참가자들보다 높은 점수를 받을 수 있습니다.

2	7	0	6	2
2	3	6	9	4
3	1	8	9	3
8	3	6	8	6
1	2	5	4	3

초급용 나이트 보드

7	1	8	9	2	6	7	0
0	2	7	6	3	1	1	9
9	5	5	5	7	8	6	2
3	1	0	2	3	6	0	7
7	9	2	3	5	8	8	0
2	9	5	0	3	6	4	6
4	1	1	0	2	7	4	3
5	7	8	6	8	1	0	2

초급용 나이트 보드

7	1	8	9	2	6	7	0
0	2	7	6	3	1	1	9
9	5	5	5	7	8	6	2
3	1	0	2	3	6	0	7
7	9	2	3	5	8	8	0
2	9	5	0	3	6	4	6
4	1	1	0	2	7	4	3
5	7	8	6	8	1	0	2

중급용 나이트 보드

2	4	9	7	1	5	4	1	7	5	5	6	5	7	7	1
3	9	3	5	7	4	3	2	2	5	3	4	9	8	3	7
2	7	4	5	1	0	7	8	0	1	6	5	6	0	6	2
1	9	3	6	5	3	2	4	5	0	3	6	5	6	7	7
6	0	4	2	7	6	1	0	6	1	4	7	9	2	6	0
4	9	5	7	0	9	6	3	5	5	2	6	7	1	4	9
8	0	5	4	8	1	7	2	6	1	8	4	6	5	2	1
4	2	3	5	6	9	0	1	6	0	6	5	3	0	7	4
6	7	2	1	8	5	7	4	3	2	9	0	8	6	1	6
7	5	9	0	7	4	1	9	6	0	6	5	2	4	9	0
0	4	2	8	5	3	7	0	1	8	2	7	0	1	2	7
6	5	9	6	2	4	0	1	5	0	9	6	3	2	4	5
4	7	1	3	6	2	7	0	6	1	6	4	7	0	1	9
2	9	6	4	6	1	9	5	4	0	2	6	9	6	6	4
0	5	1	7	8	4	0	1	6	6	5	7	4	8	2	5
1	3	4	2	6	5	2	8	0	1	9	6	2	6	3	7

상급용 나이트 보드

나눗셈 삼목 놀이

인원수: 2명
준비물: 종이와 연필, 계산기
나뉨수(피제수, 나눗셈에서 다른 수로 나누어지는 수)는 4096으로 하세요.

게임 방법

1. 게임 방법은 오목 놓기와 정사각형 놓기 두 가지입니다.
2. 오목 놓기는 같은 표시로 연속해서 다섯 개를 먼저 놓는 사람이 이기는 게임이며, 표시는 가로, 세로, 대각선 방향으로 할 수 있습니다.
3. 정사각형 놓기는 같은 표시로 가로세로 2×2의 정사각형을 먼저 놓는 사람이 이기는 게임입니다.
4. 동전을 던져서 순서를 정합니다. 먼저 시작하는 사람이 가위표(×)를 씁니다.
5. 계산기에 숫자 4096을 입력합니다.
6. 참가자1이 64부터 2049 사이의 숫자 하나를 골라 계산기로 4096을 나눕니다. 만약 66으로 4096을 나눴다면 그 값은 62.0606(이하 반올림)이 나옵니다.
7. 소수점 이하는 무시하고 정수 부분의 숫자를 게임 보드에서 찾은 다음 그 위에 가위표를 합니다.
8. 참가자2 역시 64부터 2049 사이의 숫자 중에 다른 하나를 골라 같은 방법으로 계산한 다음 게임 보드 위의 해당 숫자에 동그라미(○)를 칩니다.

규칙

1. 게임을 시작하기 전에 '오목 놓기'로 할 것인지 '정사각형 놓기'로 할 것인지를 참가자 모두가 의논해서 정합니다.
2. 나눗수(제수, 어떤 수를 나누는 수)가 달라도 몫이 같은 경우가 있습니다. 다른 사람이 이미 표시한 숫자가 나왔다면 나눗수를 다시 선택합니다.
3. 다섯 개를 먼저 놓거나 정사각형을 먼저 만든 사람이 이깁니다.
4. 새로운 보드를 사용할지 같은 보드 위에서 게임을 계속할지는 이긴 사람이 정합니다.

연습 게임

1. 다음 게임 보드에서 오목 놓기를 하여 참가자1(×)이 이겼습니다.

2. 다음 게임 보드에서 정사각형 놓기를 하여 참가자2(○)가 이겼습니다.

나눗셈 삼목 놀이 보드

1	2	3	4	5	6	7	8
9	10	11	12	13	14	15	16
17	18	19	20	21	22	23	24
25	26	27	28	29	30	31	32
33	34	35	36	37	38	39	40
41	42	43	44	45	46	47	48
49	50	51	52	53	54	55	56
57	58	59	60	61	62	63	64

1	2	3	4	5	6	7	8
9	10	11	12	13	14	15	16
17	18	19	20	21	22	23	24
25	26	27	28	29	30	31	32
33	34	35	36	37	38	39	40
41	42	43	44	45	46	47	48
49	50	51	52	53	54	55	56
57	58	59	60	61	62	63	64

나눗셈 삼목 놀이 보드

1	2	3	4	5	6	7	8
9	10	11	12	13	14	15	16
17	18	19	20	21	22	23	24
25	26	27	28	29	30	31	32
33	34	35	36	37	38	39	40
41	42	43	44	45	46	47	48
49	50	51	52	53	54	55	56
57	58	59	60	61	62	63	64

1	2	3	4	5	6	7	8
9	10	11	12	13	14	15	16
17	18	19	20	21	22	23	24
25	26	27	28	29	30	31	32
33	34	35	36	37	38	39	40
41	42	43	44	45	46	47	48
49	50	51	52	53	54	55	56
57	58	59	60	61	62	63	64

1	2	3	4	5	6	7	8
9	10	11	12	13	14	15	16
17	18	19	20	21	22	23	24
25	26	27	28	29	30	31	32
33	34	35	36	37	38	39	40
41	42	43	44	45	46	47	48
49	50	51	52	53	54	55	56
57	58	59	60	61	62	63	64

1	2	3	4	5	6	7	8
9	10	11	12	13	14	15	16
17	18	19	20	21	22	23	24
25	26	27	28	29	30	31	32
33	34	35	36	37	38	39	40
41	42	43	44	45	46	47	48
49	50	51	52	53	54	55	56
57	58	59	60	61	62	63	64

나눗셈 삼목 놀이 보드

1	2	3	4	5	6	7	8
9	10	11	12	13	14	15	16
17	18	19	20	21	22	23	24
25	26	27	28	29	30	31	32
33	34	35	36	37	38	39	40
41	42	43	44	45	46	47	48
49	50	51	52	53	54	55	56
57	58	59	60	61	62	63	64

1	2	3	4	5	6	7	8
9	10	11	12	13	14	15	16
17	18	19	20	21	22	23	24
25	26	27	28	29	30	31	32
33	34	35	36	37	38	39	40
41	42	43	44	45	46	47	48
49	50	51	52	53	54	55	56
57	58	59	60	61	62	63	64

21 찾기

인원수 : 2명~4명
준비물 : 종이와 색연필
　　　참가자들은 서로 색깔이 다른 색연필을 준비합니다.
　　　8세 미만의 어린이는 계산기를 사용해도 됩니다.

게임 방법
게임 보드의 숫자들을 연결해서 그 합이 21이 되게 하는 것이 게임의 목표입니다.

규칙
1. 참가자들은 순서대로 돌아가며 숫자에 선을 긋습니다.
2. 선을 그을 때는 다른 사람이 그은 선과 맞닿게 긋거나 가로질러 갈 수 없습니다.
3. 어느 방향으로 선을 그을지 정합니다. 가로세로 방향과 대각선 방향 중에 하나를 고를 수 있으며 한 게임에서 두 가지 방향을 모두 사용할 수는 없습니다.
4. 선을 그을 곳이 없거나 중간에 선을 멈춘 경우라도 선을 그은 곳까지의 점수는 인정됩니다.
5. 숫자의 합이 21을 넘으면 '파산'하게 되며 그 줄의 점수는 '0'이 됩니다.
6. 21을 만든 사람이 없을 때는 파산하지 않은 상태에서 21에 가장 가까운 수를 만든 사람이 이깁니다.
7. 게임을 하다가 21 찾기 보드가 꽉 차면 그때까지 가장 많이 이긴 사람이 최후의 승자가 됩니다.

연습 게임

참가자가 다음과 같이 숫자 2-3-5-6-5를 선택하고 21을 만들면 '21'을 외칩니다.

2	7	0	6	2
2	3	6	9	4
3	1	5	9	3
8	3	6	8	6
1	2	5	4	3

초급용 21 찾기 보드

7	1	0	6	7	8	9	2
0	2	9	1	1	7	6	3
9	5	2	8	6	5	5	7
3	1	7	6	0	0	2	3
7	9	0	8	8	2	3	5
2	9	6	6	4	5	0	3
4	1	3	7	4	1	0	2
5	7	2	1	0	8	6	8

초급용 21 찾기 보드

7	1	0	6	7	8	9	2
0	2	9	1	1	7	6	3
9	5	2	8	6	5	5	7
3	1	7	6	0	0	2	3
7	9	0	8	8	2	3	5
2	9	6	6	4	5	0	3
4	1	3	7	4	1	0	2
5	7	2	1	0	8	6	8

중급용 21 찾기 보드

6	5	7	7	7	1	1	4	5	7	9	4	2	1	5	5
4	9	8	2	3	2	7	3	4	5	3	9	3	7	5	3
5	6	0	0	6	8	2	7	0	5	4	7	2	1	1	6
6	5	6	5	7	4	7	2	3	6	3	9	1	5	0	3
7	9	2	6	6	0	0	1	6	2	4	0	6	7	1	4
6	7	1	5	4	3	9	6	9	7	5	9	4	0	5	2
4	6	5	6	2	2	1	7	1	4	5	0	8	8	1	8
5	3	0	6	7	1	4	0	9	5	3	2	4	6	0	6
0	8	6	3	1	4	6	7	5	1	2	7	6	8	2	9
5	2	4	6	9	9	0	1	4	0	9	5	7	7	0	6
7	0	1	1	2	0	7	7	3	8	2	4	0	5	8	2
6	3	2	5	4	1	5	0	4	6	9	5	6	2	0	9
4	7	0	6	1	0	9	7	2	3	1	7	4	6	1	6
6	9	6	4	6	5	4	9	1	4	6	9	2	6	0	2
7	4	8	3	2	1	5	0	4	7	1	5	0	8	6	5
6	2	6	0	3	8	7	2	5	2	4	6	1	6	1	9

6	5	7	7	7	1	1	4	5	7	9	4	2	1	5	5
4	9	8	2	3	2	7	3	4	5	3	9	3	7	5	3
5	6	0	0	6	8	2	7	0	5	4	7	2	1	1	6
6	5	6	5	7	4	7	2	3	6	3	9	1	5	0	3
7	9	2	6	6	0	0	1	6	2	4	0	6	7	1	4
6	7	1	5	4	3	9	6	9	7	5	9	4	0	5	2
4	6	5	6	2	2	1	7	1	4	5	0	8	8	1	8
5	3	0	6	7	1	4	0	9	5	3	2	4	6	0	6
0	8	6	3	1	4	6	7	5	1	2	7	6	8	2	9
5	2	4	6	9	9	0	1	4	0	9	5	7	7	0	6
7	0	1	1	2	0	7	7	3	8	2	4	0	5	8	2
6	3	2	5	4	1	5	0	4	6	9	5	6	2	0	9
4	7	0	6	1	0	9	7	2	3	1	7	4	6	1	6
6	9	6	4	6	5	4	9	1	4	6	9	2	6	0	2
7	4	8	3	2	1	5	0	4	7	1	5	0	8	6	5
6	2	6	0	3	8	7	2	5	2	4	6	1	6	1	9

상급용 21 찾기 보드

5	7	3	9	1	5	0	4	7	2	3	6	1	5	3	9	6	5	0	3	7	6	5	4	7	2	3	6
6	6	4	0	6	7	1	0	0	0	6	2	6	7	4	0	7	9	1	4	6	2	6	0	0	1	8	2
0	6	4	7	2	1	1	8	2	7	0	5	2	1	4	7	5	6	1	6	6	0	0	8	2	7	0	5
7	7	9	4	2	1	5	1	1	5	4	7	2	1	9	4	6	5	5	5	7	7	7	1	1	4	5	7
2	3	3	9	3	7	5	2	7	3	4	5	3	7	3	9	4	9	5	3	3	8	2	2	7	3	4	5
3	2	1	5	0	8	6	1	5	0	4	7	0	8	1	5	7	4	6	5	2	8	3	1	5	0	4	7
0	3	4	3	1	6	1	8	7	2	5	2	1	6	4	3	6	2	1	9	3	6	0	8	7	2	5	2
3	1	2	7	6	8	2	4	6	7	5	1	6	8	2	7	0	8	2	9	1	6	3	4	6	7	5	1
6	7	3	2	4	6	0	1	4	0	9	5	4	6	3	2	5	3	0	6	7	0	6	1	4	0	9	5
6	9	9	5	7	7	0	9	0	1	4	0	7	7	9	5	5	2	0	6	9	4	6	9	0	1	4	0
1	2	2	4	0	5	8	0	7	7	3	8	0	5	2	4	7	0	8	2	2	1	1	0	7	7	3	8
5	4	9	5	6	2	0	1	5	0	4	6	6	2	9	5	6	3	0	9	4	2	5	1	5	0	4	6
5	4	5	9	4	0	5	3	9	6	9	7	4	0	5	9	6	7	5	2	4	1	5	3	9	6	9	7
6	2	5	0	8	8	1	2	1	7	1	4	8	8	5	0	4	6	1	8	2	5	6	2	1	4	1	4
8	1	1	7	4	6	1	0	9	7	2	3	4	6	1	7	4	7	1	6	1	0	6	0	9	7	2	3
4	6	6	9	2	6	0	5	4	9	1	4	2	6	6	9	6	9	0	2	6	6	4	5	4	9	1	4
5	7	3	9	1	5	0	4	7	2	3	6	1	5	3	9	6	5	0	3	7	6	5	4	7	2	3	6
6	6	4	0	6	7	1	0	0	1	6	2	6	7	4	0	7	9	1	4	6	2	6	0	0	1	6	2
0	6	4	7	2	1	1	8	2	7	0	5	2	1	4	7	5	6	1	6	6	0	0	8	2	7	0	5
7	7	9	4	2	1	5	1	1	4	5	7	2	1	9	4	6	5	5	5	7	7	7	1	1	4	5	7
2	3	3	9	3	7	5	2	7	3	4	5	3	7	3	9	4	9	5	3	3	8	2	2	7	3	4	5
3	2	1	5	0	8	6	1	5	0	4	7	0	8	1	5	7	4	6	5	2	8	3	1	5	0	4	7
0	3	4	3	1	6	1	8	7	2	5	2	1	6	4	3	6	2	1	9	3	6	0	8	7	2	5	2
3	1	2	7	6	8	2	4	6	7	5	1	6	8	2	7	0	8	2	9	1	6	3	4	6	7	5	1
6	7	3	2	4	6	0	1	4	0	9	5	4	6	3	2	5	3	0	6	7	0	6	1	4	0	9	5
6	9	9	5	7	7	0	9	0	1	4	0	7	7	9	5	5	2	0	6	9	4	6	9	0	1	4	0
1	2	2	4	0	5	8	0	7	7	3	8	0	5	2	4	7	0	8	2	2	1	1	0	7	7	3	8
5	4	9	5	6	2	0	1	5	0	4	6	6	2	9	5	6	3	0	9	4	2	5	1	5	0	4	6
5	4	5	9	4	0	5	3	9	6	9	7	4	0	5	9	6	7	5	2	4	1	5	3	9	6	9	7
6	2	5	0	8	8	1	2	1	7	1	4	8	8	5	0	4	6	1	8	2	5	6	2	1	7	1	4
3	6	4	7	2	3	6	1	5	3	5	7	3	9	1	5	0	9	6	5	0	3	7	6	5	4	7	2
6	1	1	7	4	6	1	0	9	7	2	3	4	6	1	7	4	7	1	6	1	0	6	0	9	7	2	3
4	6	6	9	2	6	0	5	4	9	1	4	2	6	6	9	6	9	0	2	6	6	4	5	4	9	1	4
5	7	3	9	1	5	0	4	7	2	3	6	1	5	3	9	6	5	0	3	7	6	5	4	7	2	3	6
6	6	4	0	6	7	1	0	0	1	6	2	6	7	4	0	7	9	1	4	6	2	6	0	0	1	6	2
0	6	4	7	2	1	1	8	2	7	0	5	2	1	4	7	5	6	1	6	6	0	0	8	2	7	0	5
7	7	9	4	2	1	5	1	1	4	5	7	2	1	9	4	6	5	5	5	7	7	7	1	1	4	5	7
2	3	3	9	3	7	5	2	7	3	4	5	3	7	3	9	4	9	5	3	3	8	2	2	7	3	4	5
3	2	1	5	0	8	6	1	5	0	4	7	0	8	1	5	7	4	6	5	2	8	3	1	5	0	4	7
0	3	4	3	1	6	1	8	7	2	5	2	1	6	4	3	6	2	1	9	3	6	0	8	7	2	5	2
3	1	2	7	6	8	2	4	6	7	5	1	6	8	2	7	0	8	2	9	1	6	3	4	6	7	5	1
6	7	3	2	4	6	0	1	4	0	9	5	4	6	3	2	5	3	0	6	7	0	6	1	4	0	9	5

응답하라

인원수 : 2명
준비물 : 종이와 색연필, 초시계(초시계가 없다면 옆에서 시간을 잴 사람이 필요합니다.)
참가자들은 서로 색깔이 다른 색연필을 준비합니다.
초등학교 저학년은 계산기를 사용해도 됩니다.

게임 방법

1. 동전을 던져서 순서를 정합니다.
2. 참가자1이 숫자 하나를 골라 동그라미를 치고 "응답하라!"를 외칩니다.
3. 참가자2는 서로 더하거나 빼거나 곱하거나 나누었을 때 참가자1이 고른 숫자가 되는 숫자 두 개를 찾아서 제한 시간 내에 응답해야 합니다. 초급용 보드의 제한 시간은 10초이며, 중급용과 상급용 보드에서는 1분 이내에 숫자 세 개를 찾아야 합니다.
4. 이번에는 순서를 바꿔서 참가자2가 문제를 내고 참가자1이 응답합니다.

규칙

1. 보드에서 한 번 사용한 숫자는 다시 사용할 수 없습니다.
2. 응답할 사람이 응답하지 못했거나 제한 시간을 초과하면 질문한 사람이 점수를 따고 다시 질문합니다.
3. 게임이 모두 끝난 뒤에 각자 얻은 점수를 합산합니다. 높은 점수를 얻은 사람이 게임에서 이깁니다.

연습 게임

참가자1이 다음과 같이 숫자 36에 동그라미를 치고 "응답하라!"를 외칩니다. 참가자 2는 숫자 4와 9를 지우며 "4×9"라고 응답했습니다.

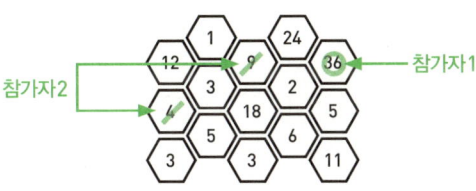

초급용 응답 보드

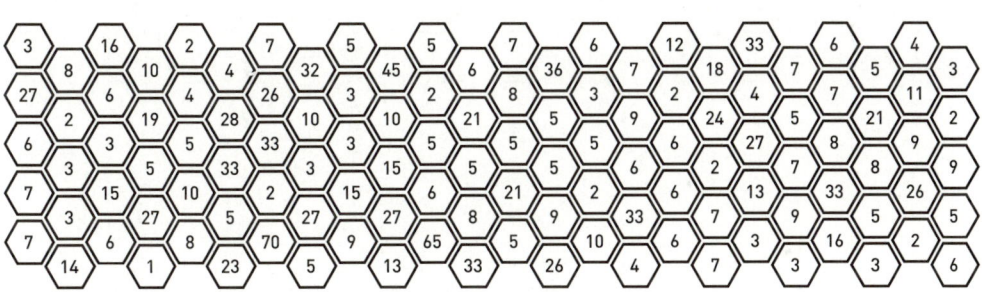

초급용 응답 보드

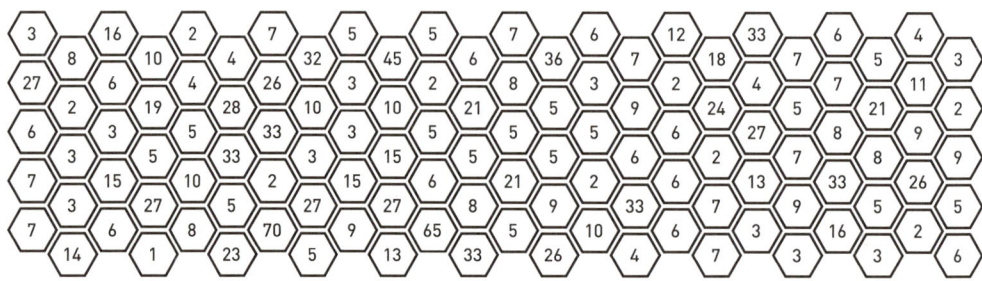

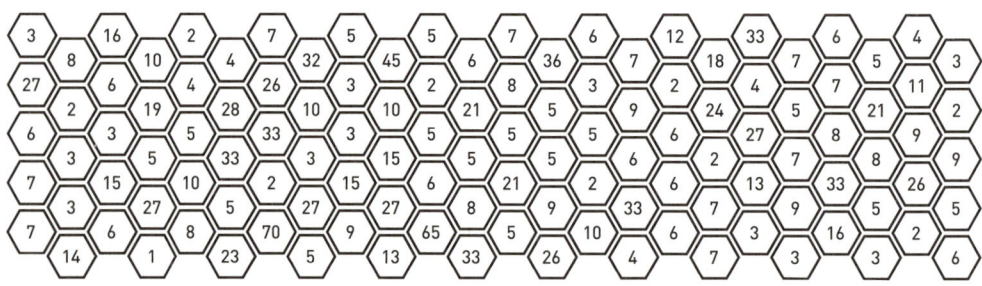

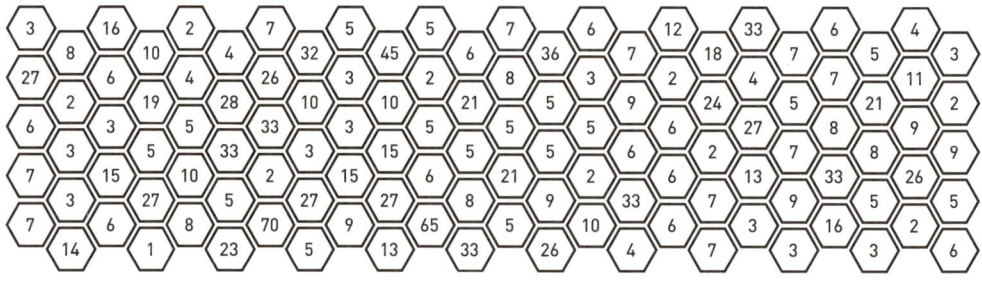

중급용 응답 보드

141

중급용 응답 보드

142

상급용 응답 보드

143

상급용 응답 보드

꼬리 물기

인원수: 2명~4명
준비물: 종이와 색연필
참가자들은 서로 색깔이 다른 색연필을 준비합니다.
마지막에 점수를 더할 때는 계산기를 사용해도 됩니다.

게임 방법
1. 큰 숫자로 트랙을 만들어서 높은 점수를 얻는 것이 게임의 목표입니다.
2. 참가자들은 동전을 던져서 순서를 정하고, 순서대로 돌아가면서 숫자를 한 개씩 선택합니다.
3. 참가자들은 숫자에 선을 그어 트랙을 만듭니다. 보드 위의 어느 자리에서 시작해도 상관없지만 높은 점수를 얻을 만한 숫자를 골라서 트랙을 만드는 것이 요령입니다.
4. 더 트랙을 만들 수 없을 때까지 같은 보드에서 게임을 계속할 수 있습니다.

규칙
1. 자기 차례가 오면 한 번에 숫자 하나가 지나게끔 트랙을 만들어야 합니다.
2. 다른 사람의 트랙에 연결할 수는 없으나, 앞사람의 트랙이 끝나는 지점의 옆 칸을 90도로 가로질러 트랙을 만드는 것은 가능합니다.
3. 숫자 0이 적힌 곳에서는 다른 사람의 트랙을 가로질러 갈 수 있습니다.
4. 가로세로 방향과 대각선 방향 중에 한 방향으로만 움직입니다. 한 게임에서 두 가지 방향을 모두 사용할 수는 없습니다.

5. 트랙을 끝낼 지점은 자유롭게 바꿀 수 있습니다. 트랙의 시작점으로 돌아가서 방향을 바꿀 수도 있습니다.
6. 이미 선이 그어진 숫자로는 되돌아갈 수 없습니다.
7. 트랙 게임에서는 전략을 잘 세워야 승리할 수 있습니다. 다른 사람의 트랙을 막는 것도 중요한 전략 중의 하나입니다.
8. 자신이 만든 트랙의 양쪽 끝이 아닌 중간 지점에서는 새 트랙을 시작할 수 없습니다.
9. 참가자1이 새 트랙을 시작할 수 있는 지점은 없고, 참가자2가 새 트랙을 시작할 수 있는 지점은 있다면 참가자2가 점수에 상관없이 이깁니다.
10. 모든 참가자가 새 트랙을 만들 수 없을 때는 가장 높은 점수의 트랙을 만든 사람이 이깁니다.
11. 보드가 꽉 차서 더 트랙을 만들 수 없을 때까지 같은 보드로 게임을 계속할 수 있습니다.
12. 보드가 꽉 차면 그때까지 가장 높은 점수를 받은 사람이 이깁니다.

연습 게임

참가자2가 앞사람이 놓은 트랙의 진로를 막기 위해 숫자 7-0-2-9-4를 선택해서 트랙을 만들었습니다.

초급용 꼬리 물기 보드

0	2	3	8	9	2	7	1
2	3	5	7	6	3	0	2
5	0	3	5	5	7	9	5
4	1	6	0	6	7	3	1
5	7	8	8	1	1	7	9
2	0	6	4	8	6	2	9
7	9	3	7	4	1	0	2
0	6	2	1	0	8	6	8

초급용 꼬리 물기 보드

0	2	3	8	9	2	7	1
2	3	5	7	6	3	0	2
5	0	3	5	5	7	9	5
4	1	6	0	6	7	3	1
5	7	8	8	1	1	7	9
2	0	6	4	8	6	2	9
7	9	3	7	4	1	0	2
0	6	2	1	0	8	6	8

중급용 꼬리 물기 보드

6	9	9	5	7	7	0	9	0	1	4	0	7	7	9	5
2	2	4	0	5	8	0	7	7	3	8	0	5	2	4	1
9	5	6	2	0	1	5	0	4	6	6	2	9	5	5	4
4	5	9	4	0	5	3	9	6	9	7	4	0	5	9	5
6	2	5	0	8	8	1	2	1	7	1	4	8	8	5	0
1	1	7	4	6	1	0	9	7	2	3	4	6	1	7	6
6	9	2	6	0	5	4	9	1	4	2	6	6	9	4	6
2	9	7	0	6	5	2	4	2	0	4	5	8	0	3	6
3	1	9	5	8	2	7	0	1	9	6	5	1	4	7	5
6	0	2	0	9	6	3	2	5	4	9	6	2	9	7	4
7	0	5	2	6	7	1	5	8	0	3	1	9	6	4	2
2	4	8	1	8	4	6	5	1	4	7	4	6	2	6	9
3	3	9	6	1	6	4	7	0	6	2	9	4	2	7	4
0	5	6	0	2	6	9	6	3	1	9	9	2	4	4	1
3	4	6	0	1	0	5	9	7	5	3	3	9	6	4	1
6	7	4	2	7	4	1	3	2	0	4	1	0	5	4	2

상급용 꼬리 물기 보드

6	6	0	4	2	2	0	6	8	7	7	3	5	1	1	3	0	7	4	9	2	5	1	9	5	5	1	3
7	2	7	0	1	1	5	2	1	0	4	6	7	6	1	4	7	6	9	0	2	7	5	0	6	9	5	4
3	0	2	8	7	7	4	5	2	2	3	0	5	2	7	4	2	6	3	7	3	1	5	7	4	6	5	6
7	7	5	1	7	4	3	7	4	1	2	5	6	2	5	9	5	7	3	4	1	1	0	4	6	5	0	5
6	8	6	2	0	3	6	5	0	7	1	4	2	3	7	3	6	3	4	9	6	7	1	9	7	9	1	3
6	8	0	1	2	0	0	7	8	5	7	4	5	0	1	1	0	2	4	5	2	8	1	5	5	4	1	5
7	6	7	8	1	2	5	2	1	7	4	5	7	1	1	4	7	3	9	3	2	6	5	3	6	2	5	9
3	6	2	4	7	7	4	1	2	6	3	5	5	6	7	2	2	1	3	7	3	8	5	7	4	8	5	9
2	0	3	8	5	7	4	5	1	2	0	0	7	2	8	4	3	6	1	7	0	1	6	7	7	6	6	6
3	7	0	1	7	4	5	7	8	1	2	5	2	2	6	9	0	7	4	4	1	1	1	4	6	5	1	5
1	8	3	2	6	3	5	5	4	7	7	4	1	3	8	3	3	2	9	6	7	2	9	0	9	2	3	
6	8	0	1	2	0	0	7	8	5	7	4	5	0	1	1	0	2	4	5	2	8	1	5	5	4	1	5
7	6	7	8	1	2	5	2	1	7	4	5	7	1	1	4	7	3	9	3	2	6	5	3	6	2	5	9
3	6	2	4	7	7	4	1	2	6	3	5	5	6	7	2	2	1	3	7	3	8	5	7	4	8	5	9
2	0	3	1	5	0	4	5	1	4	0	9	7	4	8	3	3	7	1	2	0	6	6	2	7	3	6	6
3	0	0	1	7	0	5	5	8	4	2	9	2	4	6	3	0	7	4	2	1	6	1	2	6	3	1	6
1	4	3	9	6	1	5	0	4	0	7	4	1	7	8	9	3	9	2	5	6	7	2	5	0	2	2	6
7	1	6	0	4	7	9	8	1	7	0	3	5	0	6	2	6	2	3	4	4	5	0	4	5	0	0	2
7	2	6	1	4	0	9	6	1	5	0	4	5	6	6	9	6	4	3	5	4	2	0	5	5	3	0	9
9	1	6	3	0	6	4	7	9	9	1	9	0	4	7	5	6	4	9	9	7	0	0	9	5	7	0	2
2	5	1	2	7	7	3	4	0	1	7	1	8	8	5	5	1	2	2	0	0	8	8	0	7	6	8	8
4	2	5	1	5	0	4	6	1	5	0	4	6	6	2	9	5	4	9	5	6	2	0	5	6	3	0	9
4	1	5	3	9	6	9	7	3	9	6	9	7	4	0	5	5	4	5	9	4	0	5	9	6	7	5	2
3	5	6	2	1	7	1	4	2	1	7	1	4	8	8	5	6	2	5	0	8	8	1	0	4	6	1	8
4	0	5	0	5	7	4	3	1	9	0	2	6	4	2	1	5	1	9	7	6	6	0	7	6	7	0	6
4	6	5	5	9	9	9	4	3	4	6	1	7	2	0	6	5	6	5	9	4	6	5	9	6	9	5	2
2	6	6	4	1	2	1	6	2	7	7	3	4	1	8	3	6	7	5	9	8	5	1	9	4	5	1	3
1	2	6	0	9	1	2	2	0	0	7	6	3	6	6	4	6	6	1	0	4	7	1	0	4	9	1	4
6	8	4	1	4	0	1	7	5	5	9	4	4	0	6	1	4	2	6	5	2	8	0	5	6	4	0	5
7	6	5	8	7	2	3	2	4	7	2	5	6	1	5	4	5	3	3	3	1	6	0	3	6	2	0	9
6	6	6	4	0	7	6	1	0	6	1	5	2	6	7	2	6	1	4	7	6	8	1	7	7	8	1	9
2	0	3	1	5	0	4	5	1	4	0	9	7	4	8	3	3	7	1	2	0	6	6	2	7	3	6	6
3	4	0	9	7	1	5	0	8	0	2	4	2	7	6	9	0	9	4	5	1	7	1	5	6	2	1	6
1	1	3	0	6	7	5	8	4	7	7	3	1	0	8	2	3	2	2	4	6	5	2	4	0	0	2	2
7	0	6	0	4	7	9	3	1	9	0	2	5	4	6	1	6	1	3	7	4	6	0	7	5	7	0	6
9	6	6	5	0	9	4	4	9	4	1	1	0	2	7	6	6	6	9	9	7	6	0	9	5	9	0	2
2	6	1	4	7	2	3	6	0	7	7	3	8	1	5	3	1	7	2	9	0	5	8	9	7	5	8	3
1	2	6	0	9	1	2	2	0	0	7	6	3	6	6	4	6	6	1	0	4	7	1	0	4	9	1	4
6	0	4	8	4	7	1	5	5	2	9	0	4	2	6	4	4	6	6	7	2	1	0	7	6	6	0	6
7	7	5	1	7	4	3	7	4	1	2	5	6	2	5	9	5	7	3	4	1	1	0	4	6	5	0	5
6	8	6	2	0	3	6	5	0	7	1	4	2	3	7	3	6	3	4	9	6	7	1	9	7	9	1	3

곱셈 게임

인원수: 2명~4명
준비물: 주사위 두 개, 종이와 연필

게임 방법

1. 주사위 두 개를 두 번 굴려서 그 결과를 기록합니다. 정확하게 기록해야만 이 게임을 진행할 수 있습니다.
2. **주사위를 굴려서 나온 숫자와 가장 가까운 값을 갖는 곱셈식을 찾는 것이 게임의 목표** 입니다. 곱셈식에 포함될 숫자는 두 개이며 모두 두 자릿수여야 합니다. 주사위를 굴렸을 때 몸에서 가까운 쪽에 떨어진 주사위의 숫자를 왼쪽(십의 자리)에 쓰고, 그보다 멀리 떨어진 주사위의 숫자는 오른쪽(일의 자리)에 씁니다.

규칙

참가자들은 10의 제곱수를 사용하지 않도록 하세요. 그렇게 하면 어떤 숫자든 나눌 수 있기 때문입니다.

연습 게임

1. 첫 번째 주사위에서 2와 1이 나오고 2가 가까운 곳에 떨어졌습니다. 두 번째 주사위에서 5와 6이 나오고 6이 가까운 곳에 떨어졌습니다. 이렇게 해서 목표 숫자는 2165가 되었습니다.
2. 먼저 참가자1이 2165와 가장 가까운 값을 갖는 곱셈식으로 제시한 숫자는 38×

56이고 다음으로 참가자2가 제시한 숫자는 48×45입니다.

3. 계산해 보면, 참가자1이 얻은 값은 2128이고 참가자2가 얻은 값은 2160이므로 목표 숫자인 2165에 가까운 숫자를 제시한 참가자2가 이겼습니다. 계산기가 있다면 두 참가자가 제시한 숫자를 계산기로 확인하세요. 이 과정을 그림으로 나타내면 다음과 같습니다.

4. 게임에서 이긴 사람이 다음 게임을 먼저 시작합니다. 게임을 열 번 하고 그중에서 가장 여러 번 이긴 사람이 승자가 됩니다.

곱셈 게임 보드

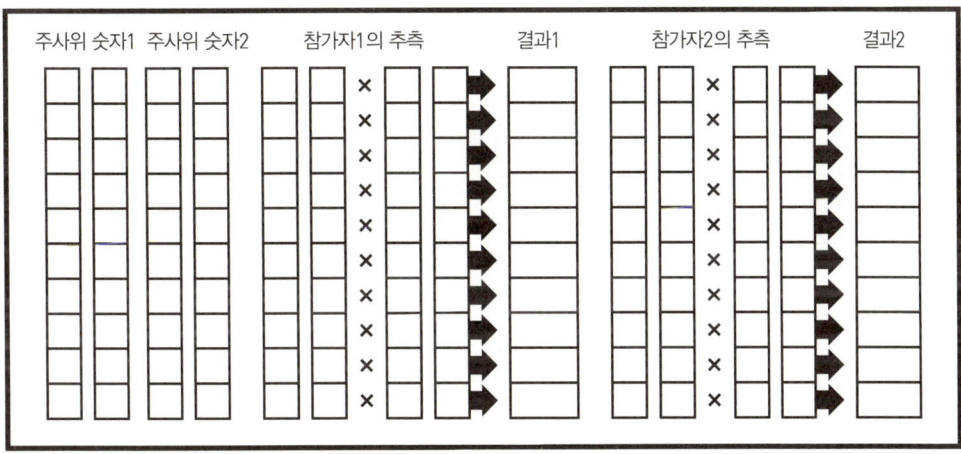

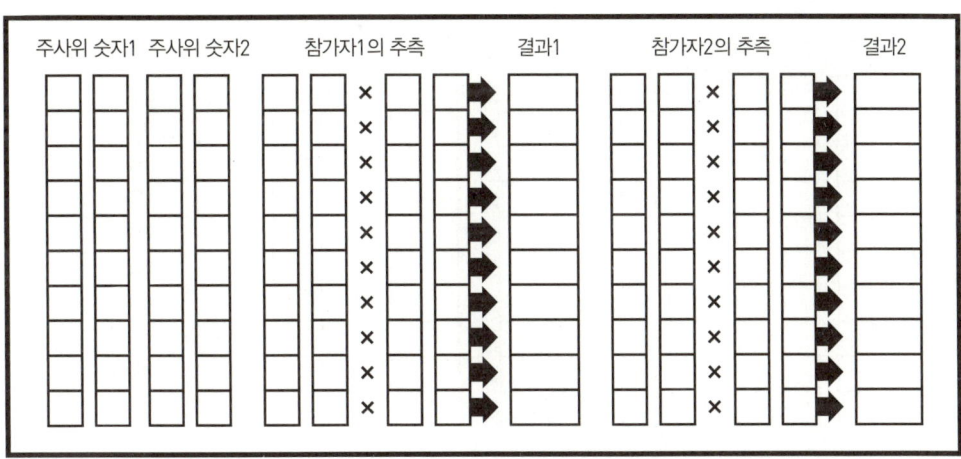

곱셈 게임 보드

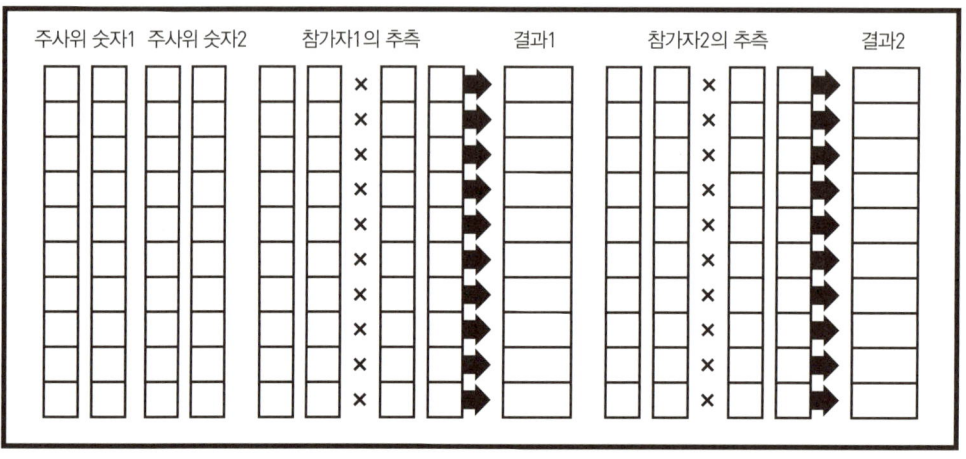

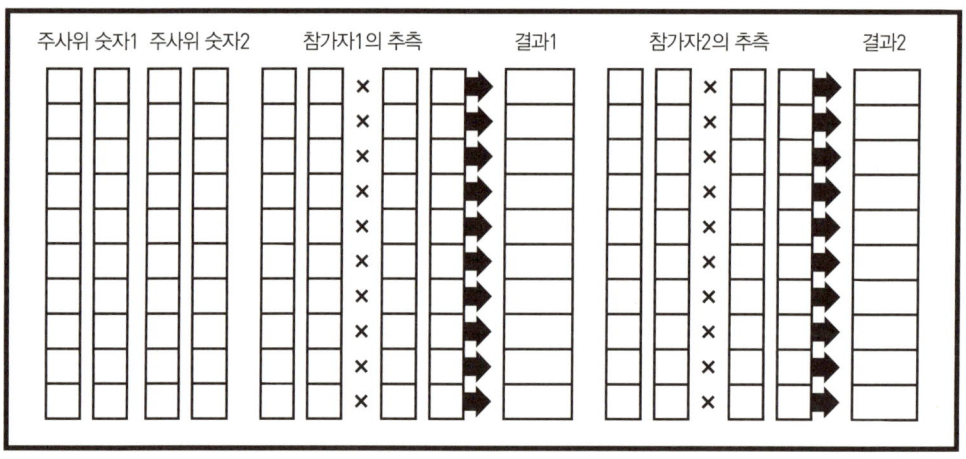

숫자 마술

이 마술로 친구가 생각한 숫자를 맞춰 보세요!
여러분을 수학 천재라 부를 거예요.

기본 마술

1. 친구에게 1부터 100까지의 숫자 중에 하나를 종이에 적고 가리라고 합니다.
2. 3을 곱하게 합니다.
3. 45를 더하게 합니다.
4. 다시 2를 곱하게 합니다.
5. 6으로 나누게 합니다.
6. 5의 결과에서 처음 생각한 숫자를 빼라고 합니다.
7. 짜잔! 해답은 15라고 말합니다.

이 마술을 좀 더 교묘하게 바꿔 볼까요?

변형 마술 1

기본 마술에서 3번의 숫자를 45가 아닌 임의의 3의 배수로 바꾸고 그 숫자를 3으로 나눈 결과를 7번에서 말하세요.

1. 친구에게 1부터 100까지의 숫자 중에 하나를 종이에 적고 가리라고 합니다.
2. 3을 곱하게 합니다.
3. 75를 더하게 합니다.
4. 다시 2를 곱하게 합니다.
5. 6으로 나누게 합니다.
6. 5의 결과에서 처음 생각한 숫자를 빼라고 합니다.
7. 짜잔! 해답은 25라고 말합니다.

변형 마술 2

변형 마술 1에서 3번의 숫자를 3의 배수가 아닌 숫자로 바꾸고 그 숫자를 3으로 나눈 값을 소수점까지 외우고 있다가 대답하세요.

1. 친구에게 1부터 100까지의 숫자 중에 하나를 종이에 적고 가리라고 합니다.
2. 3을 곱하게 합니다.
3. 100을 더하게 합니다.
4. 다시 2를 곱하게 합니다.
5. 6으로 나누게 합니다.
6. 5의 결과에서 처음 생각한 숫자를 빼라고 합니다.
7. 짜잔! 해답은 무한소수 33.33…이라고 말합니다.

6번 과정을 생략하고 친구가 처음에 생각한 숫자를 맞히는 방법도 있습니다. 친구에게 5번까지의 결과를 직접 말해 보라고 한 뒤에 그 숫자에서 7번의 숫자를 빼면 친구가 맨 처음 생각했던 숫자를 알 수 있습니다.

숫자 마술의 비밀

이 마술의 핵심은 처음 생각한 숫자를 빼는 6번 과정에 있습니다. 사실 2번과 4번, 5번 과정은 이 계산에 아무런 영향을 주지 않습니다. 왜냐하면 2번과 4번 숫자의 곱은 항상 5번 숫자와 같아서, 위와 같이 3과 2를 곱한 다음 6으로 나누어 버리면 언제나 처음 생각한 숫자로 되돌아가기 때문입니다. 말하자면 이 과정들은 상대방이 마술을 눈치 채지 못하도록 만들어 놓은 함정일 뿐입니다.

'2번 숫자×4번 숫자=5번 숫자'의 조건에만 맞는 숫자라면 2번과 4번, 5번에 사용할 숫자는 마음대로 바꿀 수 있습니다. 해답은 언제나 3번 숫자를 2번 숫자로 나눈 값이라는 것만 기억하세요.

001

3		1	
	2		3
6			

4		2	
	1		
3		4	1

002

003 $\frac{3}{4}$

004 $\frac{2}{9}$

005 5와 7

006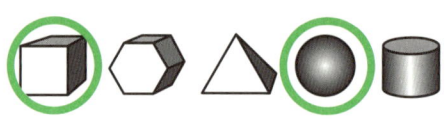

007 **벌**
그림 속의 벌은 여덟 마리이고 모기는 여섯 마리

008 **왼쪽(거미 두 마리와 말 한 마리)**
거미 두 마리(거미 한 마리당 다리는 8개)+말 한 마리(말 한 마리당 다리는 4개)=(2×8)+4=20
독수리 아홉 마리(독수리 한 마리당 다리는 2개)=9×2=18

009 **로라**
마이클의 점수는 20점, 로라의 점수는 22점

010 **B**
도형 B는 정사각형으로, 네 각이 모두 직각(90°)입니다.

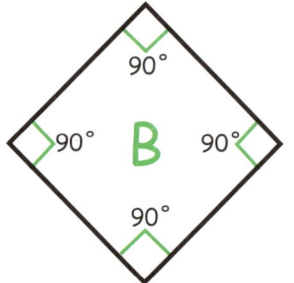

011 **15**
15는 3으로는 나누어떨어지지만 2로는 나누어떨어지지 않습니다.

012 **56**
56은 7과 8로 나누어떨어져요.

013 **B팀**
모든 사람의 몸무게와 힘이 같다면 잡아당기는 사람이 많은 쪽이 이깁니다.

014 **8대**

015 **2.4**
잎은 여섯 장이므로 6÷2.5=2.4

016 **5개**
잘 관찰하면 첫 줄에 새겨진 서로 다른 기호 5개가 모든 줄에서 순서만 달리해서 나오는 것을 알 수 있습니다.

017 **24개**

018 **6바퀴**
큰 톱니바퀴의 톱니는 16개이고, 세 번 돌려면 16×3, 즉 톱니가 48번 맞물려야 합니다. 작은 톱니바퀴의 톱니는 8개이고 똑같이 톱니가 48번 맞물려야 하므로 48÷8=6

019 **피라미드 모양 위의 공**

020 **150개**

021

022 **64**

(□+7)×3−40=173

(□+7)×3=213

(□+7)=71

□=64

023 **36**

(□−4)×2=64

(□−4)=32

□=36

024 **70**

{(□−6)÷2}÷8=4

{(□−6)÷2}=32

(□−6)=64

□=70

025 **256과 625**

16×16=256

25×25=625

026 **289**

17×17=289

027 **1024**

32×32=1024

028

¹1	²3	³2		⁴9
⁵1	6	0	⁶1	0
	0		8	
⁷2	5	⁸6		⁹1
	¹⁰9	9	9	9

029 **6과 9**

6+9=15

9−6=3

030 **12와 17**

12+17=29

17−12=5

031 **17과 26**

17+26=43

26−17=9

032 **19와 16**

19+16=35

19−16=3

033 **21**

(□+3)×2=48

(□+3)=24

□=21

034 **G**

벤 다이어그램에서 보듯이 토미가 먹을 수 있는 육각 모이 중에 재키와 샘의 영역에도 포함되는 모이가 두 개 있습니다. 그러므로 이 모이는 토미와 재키, 샘이 함께 먹을 수 있어요.
벤 다이어그램을 활용하면 재키와 샘이 함께 먹을 수 있는 둥근 모이가 얼마나 있는지도 한눈에 알아볼 수 있습니다. 찾았나요? 그건 D에 있는 둥근 모이입니다.

035 1) 2그루   2) 0그루   3) 3그루
     4) 2그루

036 1) 2대   2) 3대   3) 1대   4) 3대

037 1) 1마리   2) 4마리   3) 2마리
     4) 3마리

038 10
$6^2+8^2=36+64=100$ 이므로
$a^2=100$
$\therefore a=10$

039 5
$13^2-12^2=169-144=25$ 이므로
$c^2=25$

$\therefore c=5$

040 12
80의 15%는 $80 \times \dfrac{15}{100} = 12$

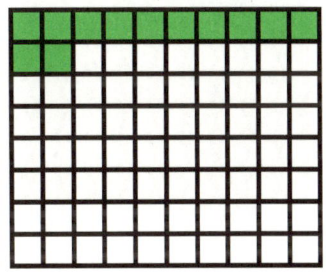

041 6
30의 20%는 $30 \times \dfrac{20}{100} = 6$

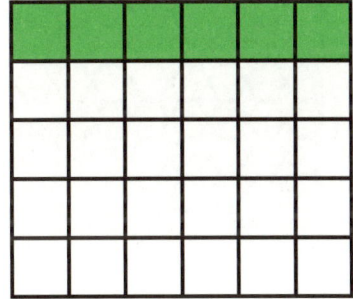

042 15
60의 25%는 $60 \times \dfrac{25}{100} = 15$

043 27

90의 30%는 $90 \times \frac{30}{100} = 27$

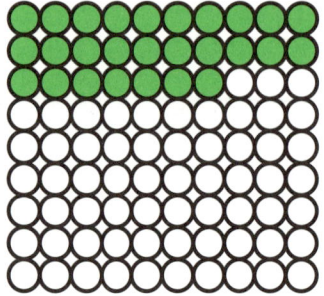

044 3

50의 6%는 $50 \times \frac{6}{100} = 3$

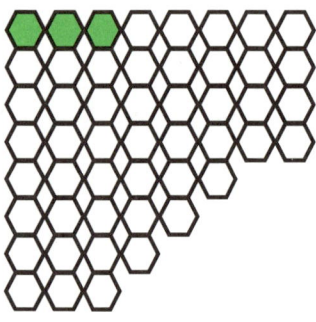

045 33

220의 15%는 $220 \times \frac{15}{100} = 33$

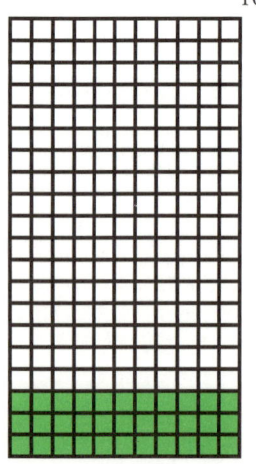

046

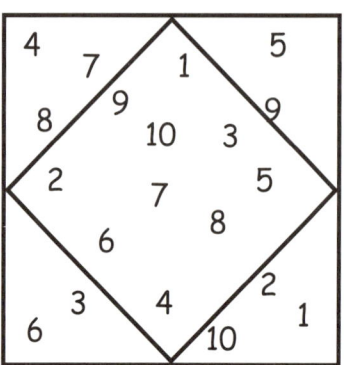

047 40

$(12^2 \times 2) - \{(\square \times 4 - 19.5) \times 2\} = 7$

$(\square \times 4 - 19.5) \times 2 = 281$

$(\square \times 4 - 19.5) = 140.5$

$\square \times 4 = 160$

$\square = 40$

048 9

132에 가까운 제곱수는

$11 \times 11 = 121$

$12 \times 12 = 144$입니다.

$121 - 11 = 110$

$144 - 12 = 132$

∴ $144 \div 16 = 9$

049 28.8

$(\square + 1.2) \div 10 = 3$

$(\square + 1.2) = 30$

$\square = 28.8$

050 **734**
숫자의 순서를 임의대로 바꾸어 각 숫자들에서 5를 뺀 후 제곱근을 구해 봅니다.
734−5=729
729=27×27

051 **2026**
2026−1=2025
2025=45×45

052 **3140**
3140−4=3136
3136=56×56

053

¹8	²9		³6	⁴6		⁵1	⁶9
⁷3	9	⁸4	9	5	⁹9	6	9
¹⁰5	1	5		¹¹3	6	4	0
6		¹²4	5		2		8
	¹³1	5		¹⁴7	3	¹⁵6	
¹⁶2	0	4	¹⁷3		¹⁸1	4	¹⁹6
²⁰1	1	5	8	²¹8	5	1	1
²²0	0		²³6	8		²⁴8	8

054 **56과 124**
56+124=180
124−56=68

055 **24와 114**
24+114=138
114−24=90

056 **37과 65**
37+65=102
65−37=28

057 **8**
8×32에서 8×32의 제곱근을 빼면 256−16=240

058 **45와 23**
45+23=68
45−23=22

059 **14와 21**
14+21=35
21−14=7

060 **3켤레**

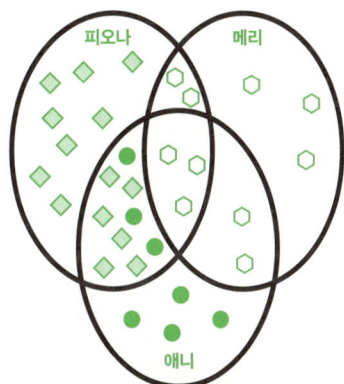

061 **3마리**

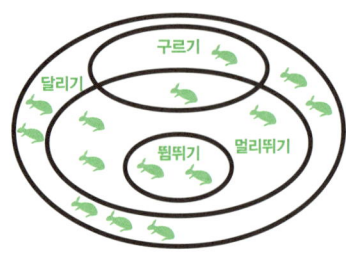

062 **22마리**

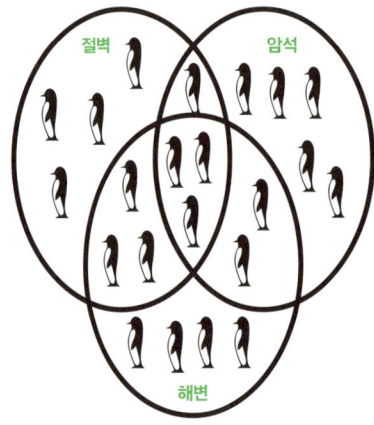

063 **4**

a=5, b=3이므로
c = $\sqrt{5^2 - 3^2}$
  = $\sqrt{16}$ = 4

064 **8.49**

$6^2 + 6^2 = 36 + 36 = 72$
$\sqrt{72} = 8.485\cdots$

065 **15**

$17^2 - 8^2 = 289 - 64 = 225$
$\sqrt{225} = 15$

066 **16**

64의 25%는 $64 \times \dfrac{25}{100} = 16$

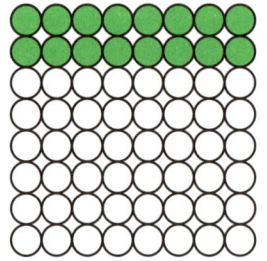

067 **159.36리터**

$192 \times 17 = 3264$
$3264 \div 100 = 32.64$
$192 - 32.64 = 159.36$

068 **94**

$97 \times 97 = 9409$
$9409 \div 100 = 94.09\%$이므로 가장 가까운 정수로 표현하면 94%

069

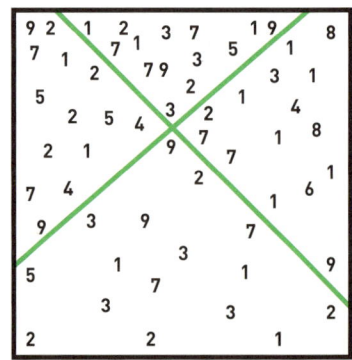

070 **8421**

8+4+2+1=15

9669−1248=8421

4(백의 자리 숫자)는 1(일의 자리 숫자)의 네 배

071 **1357**

19는 57의 약수(19×3=57)이고

7531−1357=6174

1357+7531=8888

072 **53과 150**

53×150=7950

53+150=203

150÷53=2.83…

073 **1280**

(32×32)+(16×16)

=1024+256=1280

074

¹1	²0	³1	⁴1	0	⁵0	⁶1	⁷0	⁸0
⁹2	8	9	0		¹⁰5	0	1	1
¹¹3	6	0	0		¹²6	3	8	0
¹³7	2	7	2		¹⁴7	9	2	4
6								6
¹⁵5	¹⁶3	¹⁷1	¹⁸1		¹⁹2	²⁰1	²¹3	5
²²9	9	9	9		²³2	7	8	1
²⁴4	4	4	4		²⁵6	1	4	0
²⁶9	3	6	2	5	0	1	1	2

가로 1번 문제에서 이진수를 구하는 방법은 다음과 같습니다.

$$\begin{array}{r|r}2 & 356 \cdots 0 \\ 2 & 178 \cdots 0 \\ 2 & 89 \cdots 1 \\ 2 & 44 \cdots 0 \\ 2 & 22 \cdots 0 \\ 2 & 11 \cdots 1 \\ 2 & 5 \cdots 1 \\ 2 & 2 \cdots 0 \\ & 1 \end{array}$$

075 **2525**

(50×50)+(5×5)

=2500+25=2525

076 **1967225**

14×14=196

85×85=7225

100−85=15

15는 14보다 큼

077 **6과 8**

6+8=14

6×6=36

8×8=64

64−36=28

078 **9와 15**
9+15=24
9×9=81
15×15=225
225−81=144

079 **6과 13**
6×6=36
13×13=169
169−36=133

080 1) 5개   2) 5개   3) 3개
4) 1개   5) 4개   6) 3개
7) 1개   8) 1개

081 1) 7명   2) 3명   3) 1명
4) 4명

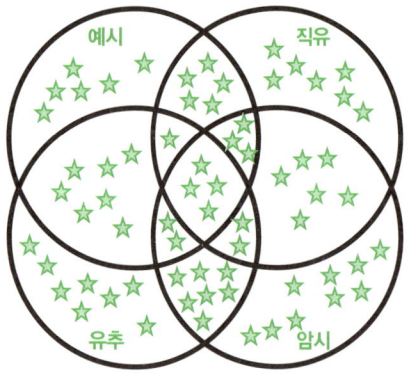

082 1) 16권   2) 19권   3) 0권
4) 3권   5) 6권

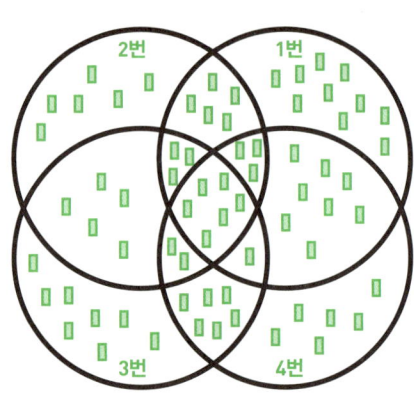

083 **16.76**
밑변의 길이가 10이므로 물음표로 표시된 부분을 직사각형의 빗변으로 생각하면 그 밑변의 길이는 10의 절반인 5가 됩니다. 피타고라스의 정리를 이용하면
$16^2+5^2=256+25=281$
281의 제곱근은 16.763···

084 **13**
그림의 평행사변형은 y와 z의 길이는 178의 제곱근과 같고, u와 w의 길이는 6으로 같으며, v와 x 사이의 거리는 3입니다. 그러므로 z를 빗변으로 하는 직각삼각형을 만들면 나머지 두 변은 x와 w−3이 됩니다. w의 값은 이미 나와 있으므로 x를 제외한 나머지 한 변의 길이는 3입니다. 이제

피타고라스의 정리를 이용하면
$z^2=x^2+3^2$에서 z에 들어갈 $\sqrt{178}$
을 제곱한 값은 178과 같으므로,
$178=x^2+9$
$x^2=178-9=169$
$x=\sqrt{169}=13$

085 $\frac{1}{3} = 0.3333\cdots$

$\frac{1}{2} = 0.5$
$\frac{7}{10} = 0.7$
$\frac{3}{4} = 0.75$
$\frac{4}{5} = 0.8$
$\frac{1}{3} = 0.3333\cdots$
$\frac{3}{5} = 0.6$

086 $\frac{2}{3} = 0.6666\cdots = 0.\dot{6}$

$\frac{1}{1} = 1$
$\frac{2}{5} = 0.4$
$\frac{1}{8} = 0.125$
$\frac{1}{4} = 0.25$
$\frac{2}{3} = 0.6666\cdots$

087 $\frac{3}{4}$

$0.75 \times \frac{1}{100} = \frac{3}{4}$

088 $\frac{3}{8}$

$0.375 \times \frac{1}{100} = \frac{375}{100} = \frac{3}{8}$

089 **0.35%**

1%는 0.01을 뜻하므로,
$26 \times 0.333 = 0.858$
$0.858 \div 243 = 0.0035308\cdots$
$0.00353\cdots = 0.353\cdots\%$

090 **2.40%**

$21.6 \times 0.216 = 4.6656$
$4.6656 \div 194.194 = 0.0240$
$0.0240 \times 100 = 2.40\%$

091 **6.25분(또는 6분 15초)**

$100 \div 16 = 6.25$
최고 속도로 비행 가능한 시간을 구할 때 전체 연료의 양은 고려할 필요가 없습니다. 1분에 연료의 16%를 쓰므로 연료를 100% 전부 다 쓰는 시간이 언제인지 계산하기 위해서는 100을 16으로 나누어야 합니다.

092 **1) 윤년 아님**

$1945 \div 4 = 486.25$

2) 윤년

$1984 \div 4 = 496$

3) 윤년

2020÷4=505

093 목요일
① 연도의 마지막 두 자리 수 =62
② ①의 값을 4로 나누면 몫은 15
③ 1862÷4=165(나머지 2)이므로 윤년 아님. 달에 적용되는 숫자를 표에서 찾으면 12월이므로 6
④ 일자를 적으면 18일이므로 18
⑤ 연대에 적용되는 숫자를 적으면 1800년대는 2
⑥ ①부터 ⑤의 값을 모두 더하면 62+15+6+18+2=103
⑦ ⑥의 값인 103을 7로 나누면 몫이 14이고 나머지는 5
⑧ 나머지 숫자인 5에 해당하는 요일을 찾으면 목요일

094 수요일
① 연도의 마지막 두 자리 수 45
② ①의 값을 4로 나누면 몫은 11
③ 1945÷4=486(나머지 1이므로 윤년 아님. 달에 적용되는 숫자를 표에서 찾으면 8월이므로 3
④ 일자를 적으면 15일이므로 15
⑤ 연대에 적용되는 숫자를 적으면 1900년대는 0
⑥ ①부터 ⑤의 값을 모두 더하면 45+11+3+15+0=74
⑦ ⑥의 값인 74를 7로 나누면 몫이 10이고 나머지는 4
⑧ 나머지 숫자인 4에 해당하는 요일을 표에서 찾으면 수요일

095 일요일
① 연도의 마지막 두 자리 수 50
② ①의 값을 4로 나누면 몫은 12
③ 1950÷4=487(나머지 2)이므로 윤년 아님. 달에 적용되는 숫자를 표에서 찾으면 6월이므로 5
④ 일자를 적으면 25일이므로 25
⑤ 연대에 적용되는 숫자를 적으면 1900년대는 0
⑥ ①부터 ⑤의 값을 모두 더하면 50+12+5+25+0=92
⑦ ⑥의 값인 92를 7로 나누면 몫이 13이고 나머지는 1
⑧ 나머지 숫자인 1에 해당하는 요일을 표에서 찾으면 일요일

096 금요일
① 연도의 마지막 두 자리 수 18
② ①의 값을 4로 나누면 몫은 4
③ 2018÷4=504(나머지 2)이므로 윤년 아님. 달에 적용되는 숫

로 윤년 아님. 달에 적용되는 숫자를 표에서 찾으면 2월이므로 4
④ 일자를 적으면 9일이므로 9
⑤ 연대에 적용되는 숫자를 적으면 2000년대는 6
⑥ ①부터 ⑤의 값을 모두 더하면 18+4+4+9+6=41
⑦ ⑥의 값인 41을 7로 나누면 몫이 5이고 나머지는 6
⑧ 나머지 숫자인 6에 해당하는 요일을 표에서 찾으면 금요일

097

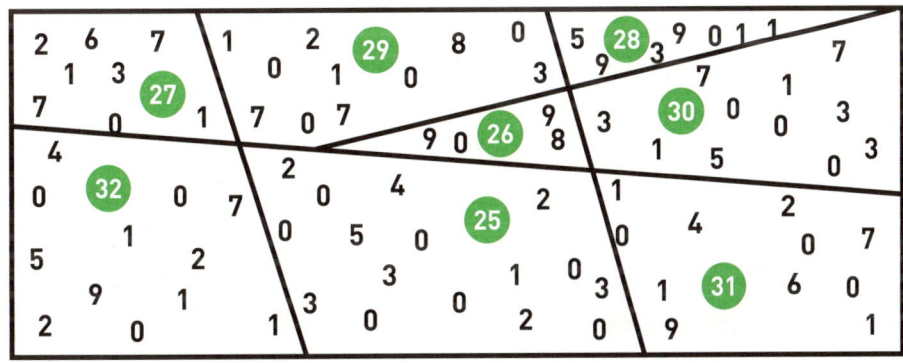

098 12321

A가 12321일 때, 앞의 세 자리나 뒤의 세 자리 모두 1+2+3=6이므로 B는 66666이 됩니다.

C는 B에서 A를 뺀 값이므로, 66666-12321=54345가 됩니다. C의 각 자릿수 숫자를 더하면 5+4+3+4+5=21이 나와요.

D는 A의 십의 자리 숫자와 백의 자리 숫자를 더한 합인 2+3=5(천의 자리 숫자와 백의 자리 숫자를 더한 합도 2+3=5)를 나열한 55555가 됩니다.

따라서 E는 55555에서 12321을 뺀 값인 43234가 됩니다. 4+3+2+3+4=16이 나옵니다.

099 **627402305**

627402305−1=627402304
=25048×25048

100 **11과 12와 18**

11+12+18=41
11×11=121
12×12=144
18×18=324
324(큰 수)+144(중간 수)=468
121(작은 수)+144(중간 수)=265
468−265=203

101 **150킬로미터**

200킬로미터 떨어진 거리에서 자동차 두 대가 같은 속도로 달리다가 충돌하는 지점은 200÷2=100킬로미터, 자동차의 속도는 시속 50킬로미터이므로 충돌하기까지의 시간은 100÷50=2시간입니다. 따라서 말벌이 비행할 수 있는 시간도 2시간입니다. 말벌의 비행 속도는 시속 75킬로미터이므로 말벌의 비행 거리는 75×2=150킬로미터입니다.

102 **84626**

84626−62648=21978

103 **46장**

나누어 준 사람의 수가 제일 큰 7명을 기준으로 나머지가 4가 되는 수를 생각해 보면, 10부터 50 사이의 수는 11, 18, 25, 32, 39, 46가 됩니다. 이 중 다른 조건을 만족시키는 수를 찾으면 46÷7=6(나머지 4), 46÷4=11(나머지 2), 46÷3=15(나머지 1)로 46이 답입니다.

104 **9876과 5432**

9876^2=97535376
97535376+5432=97540808
5432^2=29506624
29506624+9876=29516500

105 **44332211**

4433−2211=2222
3+3+2+2=10

106 **18개**

107 **4**

지름은 반지름의 2배이므로,
8÷2=4

108 **153.86**

원의 넓이는 $\pi \times 7^2 = 3.14 \times 49$

109 **100개**

각 줄의 양쪽 끝을 보면 윗줄로 올라갈수록 원이 두 개씩 줄어드는 것을 알 수 있습니다.
빈 공간의 삼각형에서 맨 아랫줄의 원 개수가 가장자리 원을 제외하고 19개이므로 19부터 2를 뺀 수를 차례대로 더하면,
$19+17+15+\cdots+1=100$

110 **20개**

111 **3.18**

지름 = 원주 ÷ π = 10 ÷ π = 3.184…

112 **52**

25퍼센트는 4분의 1과 같으므로
$13 \times 4 = 52$

옮긴이 권태은

세종대학교 영문학과 대학원에서 번역학을 전공했습니다. 현재 멘사 회원으로서 번역에이전시 엔터스코리아에서 출판기획 및 전문번역가로 활동 중입니다. 옮긴 책으로는 《멘사 수리력 퍼즐》《멘사 추리 퍼즐》《멘사 공부법》 외 다수가 있습니다.

초등학생을 위한 멘사 개념 수학 퍼즐
원리가 쏙쏙, 개념이 튼튼

1판 4쇄 펴낸날 2023년 2월 10일

지은이 | 존 브렘너
옮긴이 | 권태은

펴낸이 | 박윤태
펴낸곳 | 보누스
등　록 | 2001년 8월 17일 제313-2002-179호
주　소 | 서울시 마포구 동교로12안길 31 보누스 4층
전　화 | 02-333-3114
팩　스 | 02-3143-3254
이메일 | viking@bonusbook.co.kr
블로그 | http://blog.naver.com/vikingbook

ISBN 978-89-6494-394-6　74410

바이킹은 보누스출판사의 어린이책 브랜드입니다.

* 이 책은 《멘사 수학 천재》의 개정판입니다.

• 책값은 뒤표지에 있습니다.

Mensa KiDS 멘사 어린이 시리즈

초등학생을 위한
멘사 개념 수학 퍼즐
존 브렘너 지음 | 멘사코리아 감수

초등학생을 위한
멘사 수학 퍼즐
해럴드 게일 외 지음 | 멘사코리아 감수

초등학생을 위한
멘사 영어 단어 퍼즐
로버트 앨런 지음 | 멘사코리아 감수

초등학생을 위한
멘사 추리 퍼즐
로버트 앨런 지음 | 멘사코리아 감수

**멘사 수학 놀이 1 :
수학이랑 친해져요**
해럴드 게일 외 지음 | 멘사코리아 감수

**멘사 수학 놀이 2 :
수학 실력이 좋아져요**
해럴드 게일 외 지음 | 멘사코리아 감수

**멘사 수학 놀이 3 :
수학 점수가 올라가요**
해럴드 게일 외 지음 | 멘사코리아 감수

**멘사 미로 찾기 :
머리가 똑똑! 집중력이 쑥쑥!**
브리티시 멘사 지음 | 멘사코리아 감수

어린이 인도 베다수학 시리즈

계산이 빨라지는 인도 베다수학
마키노 다케후미 지음 | 고선윤 옮김

도형이 쉬워지는 인도 베다수학
마키노 다케후미 지음 | 고선윤 옮김

암산이 빨라지는 인도 베다수학
인도수학연구회 지음 | 라니 산쿠 감수

생각이 자라는 어린이책
바이킹

블로그
blog.naver.com/vikingbook

인스타그램
@viking_kidbooks